D0631833

LA RÉINCARNATION

Dans la même collection

J. H. BRENNAN

LA RÉINCARNATION

traduit de l'anglais par
Paul Couturian

Collection
Développez vos pouvoirs par...
Éditions Garancière
11, rue Servandoni
PARIS

Titre original :

Réincarnation

© 1981, J. H. Brennan
© 1985, Éditions Garancière
pour la traduction française
ISBN : 2-7340-0100-4

SOMMAIRE

Introduction

Le nom de Virginia Tighe n'est pas aussi connu qu'il le devrait.

Mme Tighe, une mère de famille du Colorado, fut soumise au cours des années 1950 à une série d'expériences d'hypnose pratiquées par un homme d'affaires américain, Morey Bernstein. Il s'agissait au départ d'une simple thérapie par hypnose. Bernstein recourut par la suite à une technique connue sous le nom de « régression » et Mme Tighe se souvint — ou crut se souvenir — d'une incarnation précédente au cours de laquelle elle était une Irlandaise, Bridey Murphy.

Mme Tighe décrivit à la faveur de plusieurs séances sa naissance à Cork, son enfance, son mariage et son décès à Belfast. Le récit était riche en détails relatifs au pays et la période concernée. Bernstein vérifia autant que faire se peut les faits et ses résultats l'impressionnèrent au point qu'il décida de consacrer un ouvrage à ces expériences; celui-ci parut sous le titre *A la recherche de Bridey Murphy* [1].

Le livre de Bernstein devint un best-seller international. Il eut l'intérêt de présenter aux lecteurs occidentaux un concept qui constitue le fondement de la majorité des religions orientales. Plusieurs scientifiques respectables furent en outre intrigués par la notion de réincarnation et avouèrent qu'elle méritait une étude sérieuse.

La presse se mit aussi de la partie. Des reporters américains découvrirent que Mme Tighe (que Bernstein nomme « Ruth Simmons » dans son ouvrage) n'était pas aussi ignorante à l'égard de l'Irlande qu'on avait tout d'abord bien voulu le croire. Enfant, elle avait entendu maintes histoires originaires de ce pays et avait même eu un voisin qui s'appelait... Bridey Murphy !

Ces découvertes suscitèrent bien évidemment la controverse et jetèrent le doute sur toute cette histoire. Même les personnes qui voulaient bien admettre que Mme Tighe et M. Bernstein étaient innocents de collusion ou de fraude, avaient tendance à conclure que l'expérience était en fait le résultat d'une illusion inconsciente.

Le grand public — sans parler de quelques spécialistes — eut le sentiment qu'un outil prometteur de recherche sur la réincarnation s'était révélé inefficace. Voilà qui n'est pas un reflet fidèle de la vérité. Quelle que soit la réalité des expériences Bernstein/Tighe — et nombreux sont ceux qui continuent à croire que l'hypnoti-

1. Paru en poche dans la collection *l'Aventure mystérieuse*, aux Éditions J'ai Lu (A 212). N. d. T.

seur et son sujet furent traités de manière injuste par la presse — la régression hypnotique demeure une clé importante de l'étude des vies antérieures. Et ce n'est pas la seule, ainsi que nous aurons l'occasion de le voir.

Il me paraît intéressant, avant de se pencher sur les méthodes d'étude de la réincarnation, de s'interroger afin de savoir s'il existe suffisamment d'éléments permettant de justifier une telle recherche. Il nous faut bien reconnaître qu'en Occident tout au moins la réincarnation est exclue des canons des dogmes tant scientifiques que religieux.

En fait, c'est l'aspect religieux du sujet qui a longtemps entravé l'étude scientifique de ce sujet. En Orient, la réincarnation est considérée en général comme un élément inhérent à la foi, qui ne doit pas plus être prouvé que n'importe quelle révélation. En Occident, cette doctrine a une « saveur » quelque peu exotique (parfois excentrique) qui la rend impropre à l'investigation scientifique.

Cette attitude est regrettable car les rares études entreprises à l'heure actuelle donnent à penser que l'idée de la réincarnation n'est pas aussi absurde que d'aucuns le supposent. Il est indéniable, par ailleurs, que cette vision, libérée de ses connotations religieuses, exerce depuis toujours une fascination sur l'humanité. Les êtres primitifs, tels l'homme de Néanderthal à l'époque de la préhistoire, enterraient leurs morts dans une position fœtale, suggérant une croyance en la renaissance.

Il semble que l'attitude scientifique à l'égard

de ce sujet se modifie quelque peu. Des scientifiques académiques tels que le Dr Arthur Guirdham ont été contraints, en raison de leur expérience personnelle, d'envisager la situation de manière plus sérieuse. Le Dr Ian Stevenson, dont la notoriété est indéniable a consacré plusieurs années à rassembler des récits tendant à confirmer la réalité de la réincarnation.

Il est permis d'affirmer que l'attitude du public, qui est toujours quelque peu en retrait par rapport à l'avant-garde de la pensée scientifique, évolue dans le même sens.

La théorie de la réincarnation nécessite une investigation religieuse non seulement en raison de son importance intrinsèque pour l'humanité (si elle se confirme), mais encore parce qu'elle a servi de fondement à des systèmes de croyances religieuses qui ne reflètent pas nécessairement la réalité avec précision. Il est essentiel avant d'entreprendre une étude sérieuse du sujet d'établir une distinction entre les notions périphériques — telles que la doctrine du karma — et l'idée centrale. Le problème n'est pas de savoir si ces idées périphériques sont ou non le reflet de la réalité. Il tient au fait qu'elles tendent à semer la confusion.

Ainsi, ce livre ne s'intéresse pas à l'une ou l'autre croyance ou système de croyances religieuses, mais uniquement aux techniques permettant à l'individu d'accéder à ce qui semble être des incarnations antérieures.

1

Les implications de la réincarnation

Il me semble après vingt années de recherche personnelle que le problème de la réincarnation est fascinant.

Une majorité de sujets capables d'atteindre un état de transe hypnotique profonde répondent aux techniques de régression en éprouvant ce qui semble être des souvenirs de vies antérieures. La recherche historique a, dans certains cas, confirmé les détails fournis. Les circonstances sont parfois telles qu'il est difficile d'imaginer que l'information ait pu être obtenue autrement qu'à la faveur d'une expérience personnelle.

Ainsi, une jeune femme se souvint, sous hypnose, d'une vie antérieure. Elle était juive et vivait à New York à l'époque de la grande persécution antisémite. Elle raconta à l'hypnotiseur, Arnall Bloxham, comment elle avait fui la ville pour échapper à la foule et avait trouvé refuge dans le caveau d'une église.

Une équipe de la télévision dirigée par le présentateur Magnus Magnusson réussit à identifier l'église d'après la description de la femme ;

celle-ci n'avait toutefois pas de caveau. En dépit de cette erreur, les autres détails de l'histoire étaient suffisamment impressionnants pour que ce cas fût inclus dans le cadre du documentaire télévisé réalisé par cette équipe.

Les prises de vue étaient terminées lorsque des ouvriers engagés dans des travaux de rénovation de l'église mirent à jour le caveau dont la femme avait parlé sous hypnose. Il était condamné et oublié depuis maintes générations. Il ne subsistait par ailleurs aucune trace écrite de son existence.

Comment le sujet en avait-il eu connaissance ? Peut-être de la même manière que la patiente la plus intéressante du Dr Guirdham en était arrivée à se montrer aussi savante au sujet des cathares.

Le Dr Arthur Guirdham était, avant qu'il ne prenne sa retraite, psychiatre en chef du district de Bath. Une patiente (qu'il nomma par la suite Mme Smith) vint le trouver requérant son aide. Elle présentait apparemment des symptômes névrotiques, parmi lesquels on notait un cauchemar récurrent.

Son traitement progressant, il devint évident que Mme Smith se souvenait de manière douloureuse d'une vie antérieure en France. Ses souvenirs filtraient à travers une série de rêves, de visions et de rêveries contenant une information conséquente relative à une secte hérétique, les cathares.

Les historiens connaissaient peu de chose au sujet des cathares à cette époque. Il existait peut-être une demi-douzaine de spécialistes

14

dans le monde entier pour lesquels les rituels, le mode d'habillement et les habitudes des membres de cette secte n'étaient pas entièrement inconnus. Or, Mme Smith ne cessait de fournir plus de détails les concernant. Certains des faits qu'elle « connaissait » ne furent confirmés que plusieurs années plus tard suite à une recherche académique particulièrement intensive.

Des cas de ce genre — et ils sont de plus en plus nombreux, d'aucuns ayant même été publiés dans le cadre de divers ouvrages — permettent de nous forger une conviction intellectuelle de la validité de la théorie de la réincarnation.

Il convient toutefois de reconnaître qu'aussi précieuse que soit la conviction intellectuelle, elle ne vaudra jamais l'attrait émotionnel de l'expérience personnelle.

Or c'est à l'expérience personnelle qu'est consacré cet ouvrage. Il existe en effet des techniques permettant à presque tous les lecteurs d'explorer cette sphère fascinante. Il entre dans mes intentions de décrire les plus importantes de manière suffisamment détaillée pour que chacun puisse les mettre à l'épreuve.

La technique de Christos
et la régression sous hypnose

Je tiens à préciser que, bien que j'exposerai d'autres méthodes, mon expérience personnelle m'a amené à la conclusion que les deux plus valables sont la régression sous hypnose et les variations jumelles de ce que l'on a nommé la technique de Christos.

Ma préférence va, à chaque fois que cela s'avère possible, à la régression sous hypnose. L'expérience suscitée est en effet vive, détaillée et il est possible de la diriger de manière précise.

Hélas, la régression sous hypnose n'est pas efficace à cent pour cent, en effet seul un pourcentage relativement faible de la population est capable d'accéder à une transe hypnotique suffisamment profonde.

Pour les autres, l'application consciencieuse de la technique de Christos provoque souvent des intuitions vives et frappantes concernant des vies antérieures — celles-ci ne s'accompagnant pas en outre d'une perte de conscience. Cette méthode ne dépend pas d'un état de transe, mais d'une stimulation physique du Troisième Œil. Elle constitue donc une voie importante ouverte à la grande majorité des chercheurs sérieux.

L'expérience de Christos diffère considérablement de celle vécue lors d'une régression hypnotique, mais le résultat final est aussi important et aussi valable.

Désireux d'être complet, je décrirai également d'autres méthodes, tout en sachant qu'elles sont moins impressionnantes. Quel que soit l'outil que vous choisissiez pour étudier vos propres réincarnations, il importe de préciser que le « souvenir », le plus vif soit-il, est totalement dépourvu de valeur tant que sa précision historique n'a pas été vérifiée avec soin. Les illusions sont aussi fréquentes dans le cadre de la recherche relative à la réincarnation que dans les

16

autres formes de comportement humain de sorte que l'éveil d'un « souvenir » n'est que la première moitié du processus. L'autre consiste à pratiquer une recherche consciencieuse destinée à confirmer l'exactitude du souvenir.

Les souvenirs non confirmés

Il n'est pas possible de confirmer tous les souvenirs, cela va de soi. Un de mes sujets se remémora nettement une existence au cours de laquelle il était un pêcheur primitif vivant sur un rivage d'Afrique du Nord. Il me fut impossible de vérifier son histoire. Bloxham, dont l'œuvre a produit maintes évidences, se trouva confronté un jour à un problème semblable. Son sujet décrivit une vie antérieure remontant à la préhistoire. Il lui fut impossible de vérifier les détails relatifs à la vie quotidienne.

Si votre « souvenir » initial soulève de tels problèmes, continuez à utiliser la technique qui s'est avérée efficace dans votre cas jusqu'à ce qu'une existence différente apparaisse et qu'il vous soit possible de vérifier son exactitude. Il ne fait aucun doute qu'elle finira par émerger car la majorité d'entre nous ont vécu plus d'une seule vie. Chacune est beaucoup plus importante pour nous que nous ne l'imaginons.

Voilà qui mérite une petite digression. De nombreux occultistes et médiums tels que le célèbre prophète endormi Edgar Cayce, ainsi que quelques médecins progressistes, en sont arrivés à la conviction que certaines maladies —

tant physiques que psychiatriques — trouvaient leur origine dans une réincarnation antérieure. Il s'avère très difficile de les guérir si l'on ne dispose d'aucun renseignement sur cette autre vie.

Edgar Cayce alla plus loin. Il affirma qu'outre la maladie, notre mode de vie actuel dépend dans son ensemble d'une expérience antérieure. Ainsi, une connaissance intime de nos réincarnations personnelles est une nécessité vitale si l'on veut profiter au maximum de notre potentiel (et éviter les anciennes erreurs). Cayce donna plusieurs milliers de « lectures de vie » au cours de son existence ; celles-ci permirent à ses patients d'accéder au savoir nécessaire à la conduite de leur vie actuelle.

Les vies antérieures et la conscience de soi actuelle

Il est un point fascinant qui rendra peut-être les techniques d'étude de la réincarnation importante aux individus qui refusent systématiquement d'y croire. La simple observation démontre que, quelle que soit notre opinion à l'égard de la question, les techniques produisent des résultats précis et irréfutables. L'esprit conscient découvre des personnalités étrangères à la nôtre. Même si celles-ci ne correspondent pas à des vies antérieures, elles font certainement partie de l'inconscient de l'expérimentateur.

Il en résulte que, même si les techniques produisent un fantasme total, le contenu de ce dernier est néanmoins important en tant qu'outil de connaissance de soi. Cette remarque vaut qu'on s'y attarde. Elle implique tout simplement que les « souvenirs » évoqués par la régression et par les autres techniques d'étude de la réincarnation font partie intégrante de notre être, qu'ils correspondent ou non à des vies antérieures. En les revivant, nous apprenons plus à notre propre sujet.

Il convient toutefois de préciser que les données qui ne cessent de s'accumuler tendent à confirmer que ces « souvenirs » sont bien ce qu'ils semblent être — des évocations d'existences précédentes. Ma recherche personnelle m'a en outre permis de remarquer que, dans certains cas tout au moins, l'émergence de souvenirs d'autres incarnations est intimement liée à l'évolution spirituelle de l'individu.

Certains éléments suggèrent par ailleurs que l'ordre dans lequel nous nous souvenons de ces existences antérieures n'est pas le fait du hasard. Il semble être contrôlé par des lois que nous comprenons encore assez mal. Une vie passée, ou une série de vies passées, est en quelque sorte « révélée » au chercheur, mais le reste de sa chaîne de réincarnation lui demeurera cachée tant qu'il n'aura pas tiré les leçons des vies déjà évoquées.

Ce processus d'apprentissage n'est nullement direct. Il semble impliquer l'acceptation affective des facteurs clés d'une vie passée par rapport à notre existence actuelle. Ces facteurs clés ne sont pas toujours évidents et une réflexion soigneuse est souvent nécessaire à leur détermination.

L'étude de la réincarnation a des implications profondes pour l'individu, ainsi que vous le constaterez par vous-même si vous décidez de vous lancer dans l'aventure. L'acceptation affective de la réincarnation implique une modification considérable de notre philosophie générale. Ce n'est nullement une entreprise négative, la croyance en la réincarnation rejetant presque automatiquement des concepts nuisibles tels que les préjugés raciaux, le chauvinisme national ou sexuel et une foule d'autres réactions se fondant sur la notion erronée que vous êtes qui vous êtes et qu'il n'en a jamais été autrement.

2

La dimension cosmique

La moitié de la population mondiale est convaincue de la réalité de la réincarnation — il ne s'agit pas tant du résultat d'une investigation ou d'une expérimentation que d'une croyance religieuse. La réincarnation est au cœur même de l'hindouisme en Inde, du lamaïsme au Tibet et du bouddhisme au Sri Lanka, en Corée et dans l'Asie du Sud-Est. Elle était également acceptée en Chine avant la révolution communiste et l'est toujours par certains Japonais.

La réincarnation n'est pas qu'une simple doctrine dans son expression religieuse. Elle s'accompagne de théories relatives, par exemple, à l'effet de la moralité personnelle sur le processus de renaissance (la doctrine du karma), ou à la manière dont les fantasmes sexuels peuvent amener une âme désincarnée à se réincarner (cf. le *Livre des Morts* tibétain).

Il convient de préciser à ce stade que l'ouvrage que vous avez entre les mains n'est pas concerné par les théories religieuses périphériques, mais uniquement par les méthodes permettant à l'individu d'explorer ses vies antérieures.

J'ai fait une exception à cette règle, suite à mon expérience personnelle. Elle concerne la doctrine bouddhique *anata*. Je vous propose de l'examiner dans le cadre de ce chapitre ; elle constitue en quelque sorte un réquisit nécessaire à l'étude rationnelle et en profondeur de la réincarnation.

L'âme et le deuxième corps

Anata signifie « pas d'âme » et le bouddhisme classique enseigne que tant que les individus sont engagés dans le cycle de naissance, mort et renaissance, ils ne possèdent pas d'âme.

L'esprit occidental considère qu'il y a là une violente contradiction dans les termes. Si un homme n'a pas d'âme, qu'est-ce donc qui se réincarne ? Qu'est-ce donc qui voyage dans le temps d'un corps à l'autre ? Qu'est-ce donc qui est emprisonné dans la Roue de la vie, ainsi que le disent les adeptes du bouddhisme ?

Ces questions paraissent sensées et le bouddhisme n'y a pas vraiment répondu d'une manière satisfaisante. Ma recherche m'a néanmoins amené à la conclusion que le paradoxe bouddhique correspondait peut-être à une réalité importante pour toute investigation du processus de réincarnation.

Le concept occidental (chrétien) d'une âme est étroitement relié à ce que les occultistes nomment le Deuxième Corps, un véhicule énergétique de la psyché humaine qui survit à la mort physique.

22

Les chrétiens orthodoxes croient en l'immortalité de cette âme. Il n'en va pas de même pour les occultistes. Selon la théorie ésotérique, le Deuxième Corps survit bel et bien au premier pendant un certain laps de temps, mais lui aussi est sujet à la désintégration. Il libère alors un troisième véhicule qui poursuit son existence sur des plans spirituels presque inimaginables.

Il n'est pas simple de réconcilier ces notions avec l'image courante de la réincarnation présentée comme un processus par lequel l'essence de l'individu, libérée par la mort physique, traverse le firmament jusqu'à ce qu'elle trouve un corps nouveau dans lequel s'installer. Les chrétiens modernes nient ce processus, affirmant que l'esprit séjourne de manière permanente au Paradis ou en Enfer, selon les actions accomplies de son vivant — ils compliquent en outre la situation en parlant d'une résurrection physique censée intervenir dans un futur mal défini. Les bouddhistes nient quant à eux la permanence de l'esprit individuel.

Ces questions, bien que de nature religieuse, ont une importance évidente pour l'étude de la réincarnation. Si nous bâtissons une maison sur de mauvaises fondations, elle s'effondrera. Si nous entreprenons une recherche en nous fondant sur des prémisses erronées, nos conclusions auront la même fragilité.

La prémisse d'une personnalité errante est à la base de la majorité des études occidentales de la réincarnation et a déjà soulevé maintes difficultés philosophiques (et en fait rationnelles).

Je propose, au vu de cela, d'émettre une

hypothèse issue de ma propre recherche. Qu'elle corresponde à une réalité de l'existence humaine, il m'est impossible en toute honnêteté de l'affirmer. Je puis toutefois vous assurer qu'elle me fut très utile pour comprendre la mécanique fascinante de la réincarnation; il n'est donc pas exclu qu'elle puisse servir à d'autres chercheurs.

L'hypothèse en elle-même présente une vision quelque peu complexe et non orthodoxe non seulement de la structure d'un être humain, mais encore de celle de l'univers. Je m'efforcerai de la rendre aussi compréhensible que possible.

Le monde n'est pas tel qu'il y paraît, et vous êtes plus qu'il vous semble. Vous êtes, de prime abord, un animal matériel habitant un univers matériel. Vous êtes né, vous vivez un certain temps, puis vous décédez. Le monde se poursuit sans vous.

Vous ne tardez pas cependant à prendre conscience d'un second aspect, non matériel, de votre être — votre esprit. Vous savez par expérience que vous possédez un esprit, mais ce n'est pas « quelque chose » que vous êtes à même de peser, ou de mesurer, ni même de situer avec précision au sens géographique. Des scientifiques essayeront de vous convaincre que votre esprit n'existe pas en tant que tel, qu'il n'est rien de plus que le produit du cerveau physique, au même titre que la vapeur est le produit de l'eau qui bout.

Vous constaterez, en vieillissant et en devenant plus sage, qu'une nouvelle conscience émerge. Vous saurez que l'esprit est plus complexe qu'il n'y paraît. Il possède des parties qui vous sont cachées. Certains de ses processus les plus importants se déroulent sous le seuil de votre perception. Les psychologues suggèrent que la majeure partie de votre esprit vous est ainsi inconnue — neuf dixièmes, en fait ; une situation qui évoque celle d'un iceberg dont la masse est pour l'essentiel sous la surface de l'océan.

Aucune de ces réflexions ne contribue en réalité à modifier l'image que vous avez de vous-même et du monde, considérés comme des objets matériels, soumis aux lois d'un commencement et d'une fin.

Les dimensions non physiques

Il existe pourtant une autre manière d'envisager l'univers et vous-même. Le nouveau point de vue, qui n'est pas encore prouvé à ce jour, ne contredit en rien les lois connues de la nature et contribue même à expliquer les phénomènes rares et inhabituels qualifiés le plus souvent de « psychiques » ou d' « occultes ». Qui plus est, la recherche scientifique la plus récente — en particulier en matière de physique et de médecine — tend à suggérer que ce nouveau point de vue est plus proche de la vérité que la « réalité » telle qu'on la conçoit en général.

Notre univers matériel est présenté comme étant un continuum espace/temps. La nouvelle vision suppose que ce continuum est en fait interpénétré par une, ou plusieurs, dimension(s) non physique(s) inconnue(s) à ce jour. Celles-ci n'obéissent pas aux lois de la physique conventionnelle, mais ne les contredisent pas pour autant. Ces dimensions secondaires se situent en quelque sorte en dehors des lois de la physique matérielle. Il est permis de supposer qu'elles obéissent à leurs propres lois et la possibilité qu'une nouvelle physique réussisse à explorer les lois des dimensions s'interpénétrant ne peut être exclue.

Ceci constitue la partie complexe du tableau. Une fois que vous avez compris cela, le reste devient nettement plus facile.

Etant posé qu'il existe des réalités ou des dimensions non matérielles, nous sommes maintenant en mesure d'examiner la structure de l'individu en relation avec cette nouvelle vision de l'univers. Le premier point est que vous n'êtes pas né au moment où vous le croyez — seul votre corps physique est né à cet instant. Le *vous* essentiel, le vrai *vous*, existait avant votre naissance en dehors du courant temporel. Il existait en fait dans l'une des dimensions non matérielles que nous venons d'évoquer.

Le véritable vous existant (ayant existé et continuant à exister) en dehors du temps, les questions consistant à savoir quand il commença ou quand il s'achèvera deviennent sans raison d'être. Notre esprit étant conditionné par l'expérience du cours du temps, il serait peut-être utile que vous vous considériez comme une entité immortelle qui a toujours existé. Ceci n'est pas tout à fait précis, mais nous pouvons nous satisfaire de cette version pour l'instant.

Le vrai vous est une entité au potentiel énorme, mais à l'expérience réelle limitée. Il a besoin d'expérience pour évoluer, mais les choses étant ce qu'elles sont, cette nécessité pose problème. Il ne peut, par définition, avoir une expérience que de sa propre dimension. Il lui est impossible de connaître de manière directe l'univers physique pourtant fascinant.

Pour faire l'expérience de la matière et du temps, le vrai vous s'emploie à créer un véhicule qui corresponde à son dessein. Il est évident que ce véhicule doit être constitué d'un matériau tiré de l'univers physique (étant donné que c'est dans ce dernier qu'il lui faudra opérer). Ce véhicule est le corps humain.

Le vrai vous n'est pas plus capable de pénétrer directement le corps humain, qu'il n'est capable de pénétrer directement l'univers physique. Il crée donc des structures intermédiaires de matière et d'énergie fine qui lui permettent de former une chaîne de communication entre l'univers et le véhicule qu'il se propose d'utiliser.

La chaîne étant établie, le vrai vous envoie une partie de lui-même au long de cette chaîne afin d'animer le corps. Celui-ci se développant, les interactions entre le vrai vous, l'environnement du corps et sa séquence continue d'expériences créent une personnalité — ce mode de réponses qui détermine comment un individu réagit au monde qui l'entoure.

La survie véritable exigeant une concentration intense d'une étendue très limitée, la conscience individuelle est en général limitée au corps, à l'esprit et à la personnalité. Les autres facteurs de votre constitution, y compris la chaîne des corps subtils, l'étincelle du Vous Essentiel, et le Vous Essentiel lui-même demeurent au-dehors de votre conscience.

Grâce à ce processus unitif complexe, le Vous Essentiel quitte son plan non matériel pour faire l'expérience de l'univers physique. La formation des liens et le choix d'un corps matériel adéquat est connu sous le nom d'incarnation. Le Vous Essentiel ne s'incarne toutefois jamais dans son entièreté. Seule une infime partie de vous participe à l'incarnation : le reste existe, comme il a toujours existé, dans sa propre dimension de réalité.

Aussi précieux que soit ce processus, il n'est pas idéal. Le véhicule physique est soumis au lois de l'univers matériel. Il finit pas s'épuiser. La vie active fût-ce du meilleur véhicule physique est nettement inférieure à un siècle — une période beaucoup trop courte pour apprendre tout ce qu'il y a à savoir au sujet de l'univers physique. (Certains corps subtils s'épuisent également, en accord avec les lois de leur propre plan.)

Ainsi, lorsque meurt le corps physique, l'étincelle du Vous Essentiel retourne à son géniteur, où les expériences qu'il a vécues sont évaluées et intégrées dans votre structure essentielle en tant qu'élément de votre évolution générale.

Le Vous Essentiel commence, dès que ce processus est achevé, à créer une nouvelle chaîne à relier à un nouveau véhicule. Une nouvelle personnalité naît donc et de nouvelles expériences sont vécues qui seront assimilées au Vous Essentiel après votre mort physique. Et ainsi le Vous Essentiel connaît-il, siècle après siècle, une série de réincarnations destinées à lui permettre de connaître l'univers physique.

L'esprit et la personnalité sont re-créés à chaque fois à partir d'éléments, au même titre que les corps subtils. Il n'y a pas, ainsi que le Bouddha l'enseigna, d' « âme » qui passe d'un corps à l'autre. Il y a plus exactement une entité vaste et complexe (vous-même) qui crée la situation menant à la chaîne de réincarnation.

Le Vous Essentiel peut décider, à un certain point du processus, de permettre le passage de souvenirs d'une vie antérieure afin que le processus d'apprentissage se poursuive de manière plus efficace.

Lorsque vient ce moment, vous développez un intérêt naturel pour la réincarnation. Il est donc possible qu'en utilisant des techniques telles celles qui sont décrites dans cet ouvrage, vous coopériez en fait avec votre être essentiel à votre propre croissance cosmique.

3

Comment utiliser ce livre ?

On se trouve confronté à deux problèmes principaux lorsqu'on étudie la question des vies antérieures. Il y a d'une part le trauma de la mort et de l'autre, l'illusion.

Si vous êtes capable de vous remémorer des souvenirs de votre incarnation précédente, vous n'avez que faire de ce livre. Dans le cas contraire, vous êtes sans doute curieux de savoir pourquoi vous n'y avez pas accès.

Le mécanisme de la mémoire est curieux. Les psychologues ont découvert que l'homme a tendance à oublier ce qui est déplaisant. Il vous est facile de vérifier cela par vous-même. Songez à votre enfance, et plus particulièrement aux étés de cette période de votre vie. Il est plus que probable que vous vous souveniez de journées ensoleillées et sèches. Posez la question à votre père, ou à votre grand-père. Neuf fois sur dix, on vous répondra que le temps était plus agréable autrefois qu'aujourd'hui. Or la situation climatique ne s'est guère modifiée au cours des deux derniers siècles.

On suppose que la fonction psychologique

nous permettant d'oublier les expériences désagréables vise à nous aider à préserver notre équilibre. Elle nous empêche d'être brisé par les coups durs de la vie. Même les personnes qui n'ont pas été très favorisées par le sort, ont tendance à considérer que leur existence ne fut pas aussi déplaisante qu'il y paraît à première vue.

Le trou noir

L'esprit n'hésite pas à aller plus loin encore lorsque les situations sont négatives à l'extrême. Il ne se contente plus d'obscurcir progressivement la mémoire, il produit un « trou noir ». Une amnésie soudaine. Il oublie aussitôt la situation déplaisante. Hélas, le mécanisme qui produit l'amnésie à tendance à se propager. Le souvenir désagréable n'est pas le seul à s'évanouir ; presque tous connaissent le même sort.

J'ai étudié un cas de ce type, il y a quelques années alors que j'étais journaliste. La police découvrit un homme couché dans un fossé, il avait une quarantaine d'années et était habillé avec une certaine élégance. Il était incapable de dire qui il était, d'où il venait, comment il en était arrivé à se retrouver dans cette situation. Il fut hospitalisé et les psychiatres diagnostiquèrent un trauma — un choc extrême soudain — suivi d'une amnésie totale. On m'assura que cette séquence était relativement commune, lorsque le trauma est d'une intensité telle que l'esprit le juge insupportable. L'homme qui

31

s'avéra être un touriste canadien fut soumis à un traitement minutieux pendant plusieurs mois, avant qu'il ne parvienne à se souvenir d'un seul détail relatif à sa vie précédente.

Cette histoire illustre la fragilité de l'esprit — ou plutôt, ses excellents mécanismes de défense. Ceux-ci entrent également en action au moment de la mort — le plus grand de tous les traumas. Leur dessein primaire consiste à bloquer le souvenir immédiat du décès. Mais ce faisant c'est toute la vie qui est effacée de la mémoire.

Le choc de la naissance

Cet effet est renforcé par le second trauma de la réincarnation, à savoir le moment de la naissance. Les psychologues freudiens reconnaissent volontiers que la naissance représente un choc considérable pour l'esprit de l'enfant. Il perd la chaleur, la sécurité et le confort du sein maternel. Des impressions bizarres pénètrent sa conscience. La première sensation qu'il éprouve est la douleur, lorsque le médecin lui frappe les fesses pour l'encourager à respirer.

Ces deux traumas importants contribuent à ce que vous ne conserviez aucun souvenir de votre vie antérieure. Il est donc permis d'en déduire qu'il ne sera pas aisé de développer votre mémoire dans cette direction.

Vous vous heurtez au second problème majeur dès que vous commencez à explorer vos vies antérieures. Celui-ci est également lié à la mécanique fondamentale de l'esprit humain. Avez-vous jamais entendu un homme décrire la manière dont il s'est opposé à son patron ? Il lui a tenu tête. Il lui a dit ce qu'il avait sur le cœur. Il n'a pas mâché ses mots. Sa version des faits ne correspond nullement à la réalité, pourtant l'homme y croit. Il s'est convaincu d'avoir effectivement dit à son patron tout ce qu'il pensait de lui.

Dale Carnegie fit remarquer, avec beaucoup de sagesse, que les criminels les plus vicieux, ne se considèrent pas comme des êtres mauvais. Incompris, certainement. Maltraités, peut-être. Mais mauvais, sûrement pas.

Nous partageons tous cette tendance. Il est rare que les jugements subjectifs de nos actions soient corrects. Nous sommes tous enclins à nous abuser nous-mêmes lorsqu'il s'agit de formuler des idées relatives à notre nature et à notre importance fondamentales. C'est ce mécanisme humain qui a contribué, plus que tout autre facteur, au cynisme généralement affiché à l'encontre de la réincarnation.

Les fous et les génies

Comment se peut-il que des fous aient été autrefois des génies ? Comment des femmes laides peuvent-elles être la réincarnation de Cléopâtre ? Comment des abrutis peuvent-ils avoir été Napoléon ou César ? La réponse est simple : vous vous leurrez. Vous prenez vos rêves pour la réalité. Il ne fait aucun doute qu'il

33

est plus agréable de s'imaginer qu'on a été Henri VIII plutôt qu'un mendiant ou un voleur.

Tout ceci m'amène à formuler la première règle à respecter dans l'utilisation de ce livre : *Montrez-vous très prudent lorsque votre vie antérieure semble avoir été particulièrement brillante. Soyez encore plus prudent s'il s'avère que vous êtes la réincarnation d'un personnage célèbre.*

Il est possible, bien entendu, que vous ayez été autrefois un roi solaire aztèque ou Hélène de Troie. C'est toutefois peu probable. Mieux vaut oublier ces visions si vous ne disposez d'aucun élément permettant de les étayer sur un plan historique.

Le souvenir de vies antérieures

Sur un plan général, il n'existe qu'une manière d'obtenir de l'information détaillée concernant vos vies antérieures : vous en souvenir. La majorité des techniques exposées dans ce livre visent à vous y aider, en vous permettant de contourner les barrières traumatisantes de la mort et de la naissance. Il se peut toutefois — en particulier si vous choisissez une technique nécessitant une transe — que vous reviviez des événements pour le moins déplaisants.

Il importe que vous soyez conscient de ce risque. Si votre médecin vous a conseillé d'éviter les excitations, sachez que l'exploration des vies antérieures n'est pas une activité sédentaire de tout repos. En fait, il est une règle capitale relative à la transe, qui vaut pour tous les exercices occultes : renoncez à connaître de tels états si vous n'êtes pas en parfaite santé. Et surtout, n'acceptez en aucune circonstance d'être hypnotisé si vous souffrez de troubles cardiaques.

Les techniques

Toutes les techniques exposées dans cet ouvrage ne valent pas pour chacun. S'il existait une voie unique convenant à tout le monde, j'aurais gagné du temps et je me serais épargné bien des problèmes tant dans le cadre de mes recherches que de la rédaction de ce livre. Je vous conseille donc de poursuivre votre lecture jusqu'à la dernière page avant d'essayer de mettre une technique en pratique. Celle que vous choisirez d'employer en premier lieu est en grande partie une question de goûts personnels. Il arrive souvent que l'intuition vous guide vers celle qui est la mieux appropriée à votre tempérament.

Vous remarquerez que certains systèmes évoqués n'ont pour autre ambition que de vous procurer un aperçu général de vos vies antérieures, sans pour autant entrer dans les détails. Ils sont en général plus simples et plus prompts à fournir des résultats au débutant. Sachez que le choix vous appartient ; c'est à vous de savoir ce que vous désirez obtenir.

Ne perdez jamais de vue le fait que vous devez vous défier de toute information reçue. En d'autres termes, prenez à chaque fois la peine de vérifier tout élément. Ainsi si vous découvrez que vous avez été un paysan espagnol du seizième siècle, rendez-vous à votre bibliothèque et procurez-vous un maximum de documentation concernant cette période. Comparez les détails de votre vision avec les faits ; s'il n'y a pas correspondance, vous faites fausse route.

Un travail de détective

Il est préférable de réaliser cette vérification *après* que vous ayez soigneusement noté vos propres idées. L'auto-mystification est souvent inconsciente et votre esprit est parfaitement capable de présenter ses visions de telle manière qu'elles soient en accord avec l'information historique puisée dans les livres.

Il y a bien entendu des cas où la vérification s'avère impossible. Une incarnation précédente qui se situerait dans l'Atlantide entre dans cette catégorie. Lorsqu'une telle situation se présente à vous, utilisez les techniques proposées pour revenir à la même époque plusieurs fois. Comparez vos notes à chaque fois. Adoptez en fait l'attitude d'un détective. N'oubliez pas que ceux-ci se montrent très soupçonneux, lorsqu'une personne raconte deux fois la même histoire, mais en se trompant dans les détails.

4

Ouija : une clé pour les vies antérieures

Un ouija, dans sa version la plus sophistiquée, est une planchette en bois de la forme d'un cœur et posée sur roulement à billes. Cette disposition lui permet lorsqu'on le dépose sur une table ou sur une surface plane de se déplacer librement dans n'importe quelle direction. La surface utilisée devrait idéalement être parfaitement plane et polie afin de limiter tant que faire se peut toute friction.

Outre la planchette, il faut disposer de cartes sur lesquelles sont inscrites les lettres de l'alphabet (de simples feuilles de papier conviennent parfaitement). Placez-les en cercle tout autour de la table. N'hésitez pas, pour des raisons de facilité, à y ajouter les mots « Oui » et « Non », ainsi que les chiffres de 1 à 10. Les ouijas sont devenus très populaires ces dernières années, vous ne devriez donc pas avoir de problèmes à vous en procurer.

L'utilisation du ouija est la simplicité même. Disposez les lettres en cercle autour de la table, puis placez le ouija au milieu. Posez ensuite *légèrement* les doigts de la main droite sur la surface supérieure de la plaquette. Efforcez-vous de vous relaxer totalement et attendez.

La partie la plus pénible de l'opération est sûrement l'attente. Elle risque de durer une vingtaine de minutes. Il n'est pas impossible non plus que vous deviez vous y prendre à plusieurs fois avant d'obtenir des résultats intéressants.

Mais sachez qu'il se produira quelque chose, à moins que vous ne soyez très malchanceux. Le ouija s'ébranlera, comme s'il possédait une volonté propre. Ceci ne constitue que la première phase, mais c'est sans conteste la plus importante. Soyez patient et n'essayez pas de la forcer. Adoptez une attitude de confiance calme. Respectez ces règles, et il est peu probable que vous échouiez.

La force qui fait se déplacer le ouija est une question d'opinion. Les spiritualistes qui l'utilisent, ainsi que d'autres engins similaires, depuis plusieurs générations affirment qu'il s'agit de la manifestation d'un esprit guide. Une entité de l'au-delà s'empare du contrôle de la plaquette, ou de votre main, et la fait se déplacer. En installant le ouija vous vous êtes en fait offert comme médium aux forces spirituelles et lorsque la plaquette se déplace, il s'agit en fait du mode d'expression de ces forces.

Les spiritualistes ne sont pas les seuls à croire en cette version des faits. Des variations du ouija sont utilisées depuis des millénaires dans des pays aux cultures aussi différentes que la Chine et la France du dix-neuvième siècle. L'intervention de l'esprit a été considérée presque unanimement comme étant l'explication du comportement de la plaquette.

Une autre hypothèse a toutefois été avancée suite au développement de la psychologie moderne. Celle-ci se fonde sur l'idée que la plaquette n'est pas déplacée par un esprit, mais par notre propre esprit inconscient.

Je reviendrai dans un instant sur ces deux notions.

Les questions

Une plaquette qui se déplace d'elle-même est sûrement une curiosité intéressante, mais d'un intérêt limité. Il est toutefois possible, en règle générale, de persuader le ouija de répondre à des questions. Il ne fait aucun doute que la première fois que vous vous livrerez à une telle activité vous éprouverez le sentiment d'être quelque peu ridicule. Rares sont les personnes capables de demander avec aplomb : « Est-ce qu'il y a quelqu'un ? » Or vous devez poser cette question — et à haute voix. Les questions mentales recevront peut-être aussi des réponses, mais le problème déjà évoqué de l'automystification est considérablement accru de cette manière.

Ne vous inquiétez pas si au départ les réponses

sont décousues. Le ouija aura besoin d'un certain temps pour s'assagir. Passé ce délai vous recevrez des réponses « épelées », la plaquette se déplacera autour de la table, de lettre en lettre.

Une autre difficulté surgit ici. Vous risquez d'être tenté de deviner la fin d'un mot et de forcer la plaquette dans la direction des lettres attendues. Résistez à tout prix à la tentation. J'ai vu des messages par ailleurs fascinants être ruinés en raison de cette tendance fâcheuse.

N'interrogez pas le ouija sur vos incarnations antérieures dès la première séance. Ce point est très important. En fait, il serait sage d'éviter pendant un certain temps les questions sérieuses. Accordez-vous le temps de vous familiariser avec la technique, ensuite vous pourrez envisager d'aborder ces sujets plus intéressants.

Quelle que soit votre attitude à l'égard de la controverse Esprits/Esprit inconscient, vous ne tarderez pas à découvrir que la source des réponses *se comporte* comme une personnalité. Elle a ses tournures de phrases propres, ses commentaires, ses remarques et ses objections personnels. Elle sera probablement capable de vous raconter son histoire de manière très détaillée.

Les entités se manifestant

En règle générale, vous constaterez que la même personnalité se manifeste à chaque fois à travers le ouija. Cela ne se produit pas toujours dès les premières tentatives. Diverses entités risquent de se manifester, parfois au cours d'une même séance. Voici une autre raison d'attendre avant de poser des questions sérieuses. A moins d'être très naïf, vous ne suivez pas les conseils de parfaits inconnus. Adoptez la même attitude à l'égard des personnalités curieuses du ouija. En d'autres termes, prenez le temps de connaître l'entité avec laquelle vous communiquez. Efforcez-vous en outre de déterminer si vous pouvez ou non lui faire confiance.

J'adopte le point de vue des spiritualistes dans ma formulation de ces instructions, pour des raisons pratiques. Sachez toutefois qu'elles demeurent valables même si la force motrice surgit de votre propre inconscient. Il y a des éléments dans votre psyché qui dispenseront les pires absurdités dans votre esprit conscient si vous leur en donnez la moindre occasion. En fait, si vous interrogez votre inconscient à l'aide du ouija, il est tout aussi important de s'assurer que le passage est dégagé et que l'information est précise.

Spiritualiste ou psychologue, il importe que vous testiez le système avec minutie avant de l'utiliser pour résoudre un problème aussi délicat que l'histoire de votre dernière incarnation. Je tiens à m'attarder quelque peu sur ces premières phases du processus car la précision de vos résultats ultérieurs dépendra dans une grande mesure du soin que vous aurez apporté à tester la technique.

Je vous ai conseillé d'éviter de poser des questions sérieuses dès la première séance, n'en déduisez pas que vous deviez adopter une attitude frivole. Bien au contraire! Une question frivole appelle une réponse frivole et tout ce que vous aurez appris ainsi c'est que l'entité que vous avez contactée a le sens de l'humour. Choisissez des questions appelant des réponses sérieuses, mais évitez d'aborder les sujets ayant trait à la vie et à la mort.

Les types de réaction

Il semble qu'il y ait deux types de réaction principaux à cette forme de communication — la crainte superstitieuse et la niaiserie pure et simple. Ni l'une ni l'autre ne vous mène bien loin. J'ai entendu un jour une jeune fille menacer de se suicider à cause d'une réponse de ouija. Un tel degré de terreur est heureusement rare. En revanche, je ne compte plus le nombre de fois où j'ai sourcillé en entendant des questions telles que : « Quel est le numéro de la maison de ma tante Georgette à Melun ? » Si ce sont des esprits qui s'expriment à travers le ouija, j'imagine qu'eux aussi ont dû sourciller.

Il serait sage de traiter le ouija comme s'il s'agissait d'un étranger — avec un intérêt poli. Vous vous forgerez une opinion relative à sa fiabilité et à sa qualité de jugement lorsque vous connaîtrez mieux sa personnalité.

Vous serez alors en mesure de poser des questions concernant vos incarnations passées. Evitez de les formuler d'une manière susceptible d'influencer la réponse. Peut-être avez-vous la conviction d'avoir été Genghis Khan, mais ne demandez pas au ouija : « Ai-je été autrefois un grand chef guerrier mongol ? » Cette forme de question prédétermine une réponse affirmative, qui est alors le résultat d'une automystification.

Voici le meilleur type de question à poser : « Qui étais-je au cours de ma dernière incarnation ? A quelle époque ai-je vécu ? Où ai-je vécu ? Quel était mon nom ? Que faisais-je ? Quand suis-je décédé ? »

Les réponses valables

Que vous adhériez à la théorie spiritualiste ou psychologique relative à la force motrice du ouija, vous êtes sans doute convaincu à ce stade d'avoir des chances d'obtenir des réponses valables. Si vous parlez à un esprit suspendu dans quelque limbe *post mortem*, il est possible qu'une telle entité ait accès à l'information que vous désiriez obtenir. En revanche, si vous avez puisé les réponses dans votre inconscient, il est possible que vous ayez contourné le blocage du trauma de la mort.

Vous êtes en droit, lorsque vous avez établi votre ligne de communication par le ouija, d'attendre des réponses directes et raisonnables aux questions du type précis, suggérées dans mon exemple. Il est toutefois très complexe d'obtenir de plus amples détails de cette manière. N'oubliez pas que chaque réponse doit être épelée, lettre après lettre. Même une description simple de votre environnement précédent risque de prendre plusieurs heures, si vous utilisez cette méthode.

Aussi décevant que cela paraisse, vous constaterez qu'une information aussi sommaire soit-elle constitue souvent la base de développements intéressants. En fait, un nom, une date, une ville suffisent parfois à vous permettre de partir en quête de la confirmation désirée.

Où commencer ?

Commencez par le nom du lieu. S'il est obscur, vous serez amené à faire un petit travail de détective. Il est probable que vous serez à même de deviner d'emblée dans quelle région orienter vos recherches. Procurez-vous une carte détaillée et recherchez-le. Lorsque vous aurez trouvé la ville, essayez de retrouver le nom et l'époque de naissance. Les archives de l'état civil sont une mine d'informations. Si la ville est située à l'étranger, tentez votre chance auprès des autorités locales.

Sachez que tout le monde ne voit pas d'un bon œil les enquêtes portant sur des réincarnations passées. Il est donc préférable que vous ne précisiez pas les raisons de votre demande d'informations.

Le ouija offre un point de départ fascinant à votre exploration de vos vies antérieures. Je tiens à préciser toutefois que ce qui précède suppose que le ouija s'est avéré efficace. Ceci n'est pas une certitude. Il semble que vous deviez en effet posséder un certain type de personnalité, que les spiritualistes qualifient de médiumniques. La plupart des individus ont cette faculté dans une mesure plus ou moins grande. Il existe cependant une minorité pour qui ce n'est pas le cas. La plaquette demeurera alors immobile.

Il y a une forme quelque peu différente de ouija qui contourne cette difficulté. Elle offre en outre l'avantage d'être économique étant donné qu'elle implique que vous construisiez votre propre ouija.

Le ouija personnel

Il vous suffit de disposer d'une surface polie, d'un verre renversé et de l'aide de deux ou de plusieurs amis. Une table offre en général une surface polie satisfaisante. Si la vôtre ne l'est pas suffisamment, utilisez un grand miroir. N'importe quel verre fera l'affaire, pour autant qu'il n'ait pas de pied. Si vous adoptez cette méthode, vous devrez être au minimum trois. Vous obtiendrez de meilleurs résultats encore si vous êtes quatre ou cinq ; à partir de six, tout se complique étant donné qu'il vous sera difficile de rassembler autant de doigts sur l'espace limité du verre.

Le risque de cette solution est que parmi les personnes présentes, se trouve un plaisantin. Certains individus prennent un malin plaisir à pousser le verre et s'ils se montrent adroits vous n'avez aucun moyen de déceler une fraude. Les réponses fournies par le verre vous permettront sans doute de prendre le malin en flagrant délit, mais vous aurez à ce moment perdu beaucoup de temps. Choisissez donc vos amis avec soin et éliminez ceux qui risquent de tourner votre activité en dérision.

Les résultats du ouija

Que vous utilisiez l'une ou l'autre méthode, les résultats du ouija sont souvent frappants : un marin de l'Ulster protestant découvrit qu'il avait été lors de son incarnation précédente... un jésuite. Une jeune femme charmante mais très puritaine consulta le ouija et apprit qu'elle avait été la maîtresse d'un noble. Une ménagère anglaise avait autrefois vendu des fleurs dans les rues de Barcelone. Un pilote automobile était décédé dans sa vie précédente alors qu'il fuyait les Indiens — une flèche l'avait frappé en plein dos.

Les histoires de ce genre sont innombrables. Une jeune fonctionnaire avait péri sur le bûcher ayant été accusée de sorcellerie. Une *femme fatale* compensait en quelque sorte une vie antérieure au cours de laquelle elle avait été nonne. Un écrivain, terrifié par la mer, découvrit qu'il avait été autrefois un navigateur au long cours.

Les cas évoqués ci-dessus proviennent tous de la même source. La personnalité qui se manifestait à chaque fois était identique. L'exactitude de deux histoires put être vérifiée. On eut moins de chance avec les autres.

Il convient toutefois, pour être honnête, de reconnaître que chacun de ces cas de réincarnation *pouvait* très bien être authentique. Le problème avec la majorité était un manque de détail, et un manque de source d'information écrite.

Une entité impatiente

L'entité qui fournit cette information n'était guère patiente avec les sceptiques. Un Anglais ayant un assez fort embonpoint apprit qu'il avait été Henry VIII. Il eut, à juste titre, le sentiment que c'était peu probable et il voulut s'en assurer. « Avez-vous changé d'avis à propos de ma réincarnation précédente ? », demanda-t-il.

« O-U-I »

« Alors, qui étais-je en réalité ? »

« L-E R-O-I D-E-S C-O-N-S »

5

L'hypnose

Depuis la publication de l'ouvrage de Morey Bernstein, *A la recherche de Bridey Murphy*, l'hypnose a attiré l'attention de presque toutes les personnes intéressées par une approche pratique de la réincarnation.

On sait depuis longtemps qu'un sujet sous hypnose se prête à la régression — il peut être ramené par la suggestion aux jours de son enfance. Qu'il s'agisse d'une régression véritable, et non d'une simple fonction de la mémoire, a été amplement prouvé lorsque des caractéristiques infantiles se manifestaient en cours de séance. Des particularités de l'enfance que le sujet avait oublié — tout au moins consciemment — réapparaissaient soudainement.

Voici un exemple significatif : un homme qui avait régressé sous hypnose constata qu'il était à nouveau capable d'écrire de la main gauche, un « talent » dont ses professeurs l'avaient « débarrassé » depuis qu'il avait dix ans.

Une autre expérience de régression s'avéra embarrassante tant pour le patient que pour le psychiatre qui avait suscité la transe hypnotique. L'homme régressa sans difficulté jusqu'à sa prime enfance puis il se mit à uriner dans son pantalon. Il était revenu à l'âge où le contrôle de la vessie n'est pas encore établi.

Certains psychiatres freudiens parmi les moins orthodoxes ont prétendu que l'hypnose (et même dans certaines circonstances l'analyse en profondeur) produisait des souvenirs remontant à la période intra-utérine.

Avant la période intra-utérine

Mais Bernstein alla plus loin encore. Il fit régresser Ruth Simmons jusqu'à un stade antérieur à la conception et découvrit une information relative à une existence antérieure où Ruth Simmons s'appelait Bridey Murphy et vivait à Belfast. Plusieurs séances avec Ruth Simmons furent enregistrées et diffusées ultérieurement. Nous l'avons vu, le livre relatant les expériences et les enregistrements suscitèrent à la fois intérêt et controverse.

Les experts (qui ont tendance dans de tels cas à se nommer eux-mêmes) se prononcèrent qui pour qui contre la validité des expériences de Bernstein. Il n'a pu en résulter aux yeux du public qu'une confusion intense.

Le talent de Bernstein en matière de promotion éclipsa le fait que d'autres ont essayé une approche similaire en obtenant des résultats équivalents. Ainsi, au Pays de Galles, Arnall et Dulcie Bloxham pratiquent des études de réincarnation sous hypnose depuis près de quinze ans. Ils ont enregistré leurs résultats, à l'instar de Bernstein, et ont accumulé quelque trois cents heures d'évidences sur bande.

Des expériences de ce type peuvent-elles produire des souvenirs de vies antérieures ? La réponse directe est oui — avec quelques réserves. Chaque information obtenue de l'inconscient au cours de la transe doit, comme dans le cas du ouija, être vérifiée et re-vérifiée avant d'être acceptée pour ce qu'elle semble être.

Avant d'entreprendre vos propres expériences, il importe que vous sachiez à quoi vous attendre.

L'hypnose n'est pas un jouet

Non, l'hypnose n'est pas un jouet. Il importe de savoir que si elle ne présente guère de danger bien utilisée, il n'en va pas de même pour les imprudents. Lorsque vous plongez un sujet en transe, vous établissez une relation très précise avec lui. Celle-ci comporte de sérieuses responsabilités. L'esprit humain est un instrument délicat. Sonder ses profondeurs sans prendre ce fait en considération, c'est courir au-devant d'ennuis.

L'étude de la réincarnation déclenche souvent des émotions fortes. Celles-ci ne sont pas de simples souvenirs, sous hypnose profonde, elles sont véritablement revécues. Une espèce de tempête psychique risque de se déclencher et d'avoir des résultats fort déplaisants si l'opérateur ne se montre pas très prudent. Traitez votre sujet avec sympathie et gentillesse. Si vos questions provoquent une réticence, n'essayez pas de la forcer[1]. Partez sur une autre voie.

Prenez note des moindres résultats. La mémoire, dans des situations de ce genre, n'est pas un outil fiable.

Comment induire l'hypnose ?

La cause de l'hypnose n'a pas encore été établie avec certitude, depuis que la théorie du magnétisme animal a été abandonnée. La suggestion joue sans aucun doute un rôle important dans l'induction de cet état, mais la majeure partie du travail proprement dit semble être accompli par le sujet lui-même. Certaines personnes entrent en transe suite à un simple signe de la main. D'autres défient toutes les règles.

L'un des plus célèbres psychologues de Londres évoqua le cas d'un sujet qui n'accéda même pas à une transe légère après plusieurs centaines d'heures de travail patient et minutieux pratiqué par un hypnotiseur médical compétent.

Le médecin finit par perdre son calme et s'écria : « Pour l'amour de Dieu, dormez ! Espèce d'idiot... ! »

Le patient entra aussitôt en transe.

Cette anecdote illustre le fait qu'il existe plus d'une manière d'hypnotiser un sujet. Mais si

1. Abandonnée en tant qu'explication de l'hypnose. Un nombre sans cesse croissant de données, provenant essentiellement d'Union soviétique, indique qu'il existerait bel et bien une force très semblable au vieux « magnétisme animal ».

vous manquez d'expérience, recherchez quelqu'un qui réagisse facilement et suivez une procédure orthodoxe.

Quelle que soit la variation par rapport aux méthodes de base que vous décidiez d'adopter, vous n'en commencerez pas moins par encourager le sujet à se détendre.

La relaxation consciente

Nous vivons une époque agitée, et rares sont les personnes qui n'éprouvent aucune difficulté à se relaxer. La meilleure approche consiste donc à procéder de manière consciente. Commencez par faciliter la démarche du sujet. Installez-le dans un fauteuil confortable, ou invitez-le à s'étendre sur un divan ou sur un lit. Choisissez une pièce aussi calme que possible, et offrant un nombre de distractions minimum. Il est conseillé de « tamiser » les lumières, mais l'obscurité totale est à éviter. Assurez-vous que vous ne serez plus interrompu. S'il y a un téléphone à proximité, débranchez-le.

Expliquez à votre sujet qu'il y a peu de chance qu'il parvienne à se relaxer tant qu'il n'aura pas conscience de ses tensions. Il doit donc contracter chaque ensemble de muscles à tour de rôle, ressentir la tension, puis la libérer. Qu'il commence par les pieds et remonte petit à petit le long du corps, afin de terminer par les muscles qui contrôlent le cuir chevelu. Il doit recommencer l'ensemble de la séquence à plusieurs reprises. Lorsque vous constatez qu'il s'acquitte de manière satisfaisante de cette tâche, faites-le tendre simultanément tous les muscles de son corps avant de les relâcher. Cet exercice produit, s'il est pratiqué convenablement, un degré considérable de relaxation.

Demandez à votre sujet de respirer profondément. Il augmentera ainsi la fourniture d'oxygène au sang et donc au cerveau, favorisant un degré de relaxation encore plus important.

Il n'est pas de lutte de volontés en hypnose, en dépit des croyances populaires. Lorsqu'il s'en présente une, le sujet gagnera et l'hypnose sera impossible. Assurez-vous que votre sujet en est bien conscient. Vous aurez besoin de son entière coopération, en particulier durant les premières phases du travail.

La séquence de suggestions

Commencez une séquence de suggestions dès que votre sujet est totalement relaxé. Parlez à voix basse, calme et quelque peu monotone. Vos suggestions doivent viser en premier lieu à approfondir son état de relaxation. (« Votre corps devient lourd. Vous vous sentez de plus en plus détendu. ») Ensuite, vous pourrez suggérer qu'il dort, qu'il dort de plus en plus profondément.

Précisons qu'un sujet sous hypnose ne dort pas vraiment. S'il s'endormait vous perdriez toute influence sur lui. Mais dans votre séquence de suggestions, vous vous adressez essentiellement à l'inconscient du sujet et vous devez le faire dans un langage qu'il comprenne. La relaxation totale, qui est la meilleure indication de l'état de transe, est associée par l'inconscient au sommeil. Ce qui explique l'allusion que vous y faites dans vos suggestions.

Essayez d'ajouter une certaine quantité de couleur et d'imagerie dans vos autres suggestions ; ceci les aidera à prendre racine.

Les niveaux de transe

Il y a trois niveaux de transe hypnotique : léger, moyen et profond. Il est inutile d'essayer d'explorer les incarnations passées, si votre sujet n'accède pas au moins au niveau moyen.

Une simple suggestion post-hypnotique vous permettra de vérifier s'il l'a atteint. Suggérez-lui par exemple de faire une certaine action — allumer la lumière — dès qu'il entend un mot clé. Puis éveillez-le, laissez passer quelques minutes et prononcez le mot clé. S'il va allumer la lumière, il a réagi à votre suggestion post-hypnotique.

Pour vérifier un état de transe profonde, suggérez-lui (par exemple) de voir un hibou voler dans la pièce dès que vous prononcerez le mot clé. Seule une transe profonde est capable de provoquer des hallucinations post-hypnotiques de ce type.

N'oubliez jamais d'annuler une suggestion post-hypnotique, même s'il semble que celle-ci n'ait pas été acceptée. Si vous ne respectez pas cette règle

de manière scrupuleuse, vos expériences hypnotiques vous vaudront de multiples ennuis.

Faire régresser le sujet

La régression est un processus relativement
simple une fois que votre sujet est en transe —
profonde, de préférence. Prenez toutefois votre
temps et agissez de manière progressive.

Commencez par suggérer qu'il remonte dans
le temps jusqu'à son dernier anniversaire. Dites-
lui qu'il est capable de se souvenir avec précision
de ce qu'il faisait et de l'endroit où il se trouvait.
Suggérez-lui ensuite de remonter plus loin dans
le temps... de cinq ans, puis de dix. Suggérez des
« haltes » en cours de route et encouragez-le à
raconter ce qu'il voit.

N'oubliez pas de lui suggérer avec force qu'il
continuera à entendre votre voix et à obéir à vos
instructions aussi loin qu'il remontera dans le
temps et en quelque lieu qu'il se trouvera.

Ramenez-le ainsi jusqu'à son enfance, puis à
sa prime enfance. Il est plus que probable que
vous remarquerez de fortes réactions à ce stade.
Peut-être se mettra-t-il à sucer son pouce, ou à
pleurer. Il est très important que vous le rassu-
riez, dites-lui que tout va bien, qu'aucun danger
ne le menace.

Votre sujet ayant régressé jusqu'à sa prime
enfance, vous êtes prêt désormais à entreprendre
le grand voyage par-delà la naissance et jusqu'à
sa dernière incarnation. N'oubliez pas les sensi-
bilités de votre sujet et évitez les secteurs des

traumas de la naissance et de la mort. Ne suggérez pas qu'il regagne le ventre maternel, dites-lui plus simplement qu'il fait un saut important dans le temps, jusqu'à une époque se situant bien avant le moment de sa naissance. Demandez-lui ensuite ce qu'il vit. Prenez bien note de ses réponses.

Un état de limbe

Tout le monde ne revient pas immédiatement à une existence précédente. Certains sujets, tels Ruth Simmons, parlent d'un curieux état de limbe sur une sorte de plan astral. Cet état présente un intérêt considérable en soi, mais étant donné que votre souci est d'obtenir des informations relatives à la réincarnation, vous devez inviter votre sujet à dépasser cet état et à retrouver sa vie précédente.

Evitez les questions qui paraissent le perturber, mais pressez-le de vous fournir des détails. Une vision floue d'un paysage, s'accompagnant d'une idée vague de l'époque est pire qu'inutile. Vous avez besoin de dates, de noms, de lieux si vous désirez avoir la possibilité de vérifier l'information obtenue. Recherchez ces renseignements en douceur, mais ne laissez passer aucune opportunité de les découvrir.

Une question qui se pose souvent est celle de la langue. En théorie, une personne qui régresse vers une vie précédente passée, par exemple, en Angleterre devrait parler anglais, et non le français appris au cours de sa vie actuelle. En pratique, il est rare qu'une telle situation se présente, même dans les cas où la véracité des informations obtenues a pu être fermement établie.

La raison de cette particularité n'est pas difficile à découvrir. La régression ne balaie pas les structures de son esprit. Votre sujet revit une expérience en Angleterre mais maîtrise toujours les connaissances apprises au cours de sa vie actuelle — l'une d'entre elles étant celle de la langue française. En outre, il est probable que vous continuiez à vous adresser à lui en français, il vous répond donc dans la même langue, bien qu'une pointe d'accent soit fréquente.

Il devrait toutefois — en théorie — être capable de converser dans la langue de sa vie antérieure. Suggérez-lui de vous en donner une démonstration. Si vous constatez que votre sujet parle couramment l'anglais, surtout s'il ne l'a jamais étudié dans sa vie actuelle, vous avez une confirmation solide du fait que l'information relative à sa réincarnation est valable.

L'auto-hypnose

Explorer les vies antérieures d'un tiers est une expérience intéressante, mais beaucoup moins qu'explorer les siennes propres. Si vous avez le sentiment que l'hypnose est la technique qui vous convient le mieux, il importe que vous appreniez l'auto-hypnose.

Il existe deux moyens de l'induire — l'un est simple, l'autre complexe. La procédure simple consiste à travailler avec un hypnotiseur compétent. Il vous plongera en transe et vous donnera le mot clé spécial que vous pourrez utiliser par la suite pour continuer le travail par vous-même.

Sa suggestion peut se présenter ainsi : « Vous êtes maintenant profondément endormi. Dans un moment, je vais vous éveiller. Mais auparavant, je tiens à ce que vous sachiez qu'à chaque fois que vous prononcerez les mots « rêve-sommeil » à voix haute, vous sombrerez dans un sommeil aussi profond que celui dans lequel vous vous trouvez en ce moment. N'oubliez pas les mots sont « rêve-sommeil ». Si un tiers venait à les prononcer, ils ne produiraient aucun effet sur vous. Mais si vous les prononcez, vous sombrerez dans un sommeil aussi profond que celui dans lequel vous vous trouvez en ce moment. Bien qu'endormi, vous conserverez le contrôle de vous-même. Vous serez capable de diriger votre esprit partout où vous le désirerez. Vous serez en outre capable de contrôler votre corps et vos émotions tant que vous serez dans ce sommeil profond. »

Il est sage de choisir un mot composé ou totalement absurde pour déclencher la transe. Il n'y a rien de plus embarrassant que de vous plonger en transe en répondant simplement à un ami.

Il vous suffira, lorsque vous déciderez d'explorer vos vies antérieures, de vous plonger dans un état de relaxation adéquat et de prononcer le mot clé.

La procédure complexe pour induire l'auto-hypnose consiste à travailler seul. La technique est, assez curieusement, quasiment identique à celle employée pour plonger un sujet en transe. La seule différence en l'occurrence est que vous êtes vous-même le sujet.

Choisissez une pièce calme, plongée dans la pénombre. Asseyez-vous ou allongez-vous et pratiquez le processus de relaxation consciente. Lorsque vous serez parfaitement détendu, dispensez-vous (mentalement) les suggestions appropriées. Il est peu probable que vous réussissiez dès la première séance, à moins que vous n'ayez beaucoup de chance. A force de persévérance, votre niveau de transe s'approfondira petit à petit.

Ne vous engagez dans le processus de régression que lorsque vous serez satisfait de votre niveau de transe — procédez comme décrit précédemment. Faites-vous remonter dans le temps de manière progressive, puis faites le saut qui vous permettra de dépasser le point de votre dernière naissance.

Un inconvénient

L'inconvénient majeur tant de l'hypnose que de l'auto-hypnose dans le cadre de l'étude de la réincarnation est qu'il convient d'atteindre au minimum un niveau de transe moyen pour espérer avoir des chances de succès. Seuls 25 % de la population sont capables, selon le professeur H. J. Eysenck, d'atteindre un niveau de transe moyen, ce chiffre se réduit à 20 % pour la transe profonde. Mon expérience m'a amené à la conclusion que le professeur Eysenck est pessimiste en matière de transe moyenne, mais en revanche très optimiste à l'égard de la transe profonde. Selon moi, les sujets capables d'atteindre un état de transe profonde sont rares.

Quoi qu'il en soit, il est impossible de contourner ce problème. Si vous n'êtes pas capable d'atteindre un degré de transe satisfaisant, l'hypnose ne vous permettra pas d'étudier vos vies antérieures. Fort heureusement, l'hypnose n'est pas la seule clé du passé, bien que lorsqu'elle s'avère possible elle soit la plus simple, la plus précise et la plus spectaculaire.

6

L'expérience hypnotique

Le chapitre précédent vous a proposé en quelque sorte une description sobre de l'hypnose. Cette technique étant un outil précieux pour l'étude de la réincarnation, il me paraît important que vous compreniez la sensation que l'on éprouve lorsqu'on est sous hypnose et que l'on régresse vers une vie antérieure.

Hélas, les expériences hypnotiques de deux personnes sont rarement identiques. L'un de mes sujets décrivit la sensation subjective de descendre en spirale dans un tunnel noir en forme de cône pendant qu'elle entrait en transe — jamais aucun autre sujet ne m'a fait une telle description de ce qu'il éprouvait. Il n'en est pas moins vrai que certains éléments communs émergent en général. Il est bon que vous en ayez connaissance afin que vous puissiez les reconnaître et que vous sachiez ce qu'il se produit lorsque vous entrez en transe et que vous régressez — si vous avez cette chance.

Une transe légère ne s'accompagne d'aucune sensation subjective, à moins que vous ne soyez excessivement sensible à votre corps et à votre esprit. En fait, seul un hypnotiseur expérimenté est capable de déceler une transe légère — en général, en étudiant le tonus musculaire et les mouvements des yeux.

Les transes moyennes et profondes

Un niveau de transe moyen offre peu d'indications quant à son établissement, surtout si vous espériez que se produise quelque phénomène spectaculaire. Il n'y a pas de « trou noir », ni de perte de conscience. Vous savez où vous êtes et vous entendez les bruits environnants. La différence la plus remarquable entre la transe moyenne et l'état de veille est que vous vous sentirez très détendu et que vous éprouverez une chaleur agréable. C'est un état confortable dans lequel l'esprit a tendance à « flotter », comme lors d'une rêverie.

Il existe également certains indices négatifs de ce niveau. Vous n'aurez pas envie de bouger ; et surtout pas de vous lever. Vous aurez en outre tendance à faire ce qu'on vous demande (pour autant que les ordres proviennent de l'hypnotiseur), mais il est probable que vous interpréterez votre attitude comme correspondant à un désir de ne pas l'offenser.

Des éclairs d'une vie passée surgissent parfois à ce niveau de transe. Ce sont de brèves images visionnaires, un peu trop vivaces et disjointes pour ne pouvoir être distinguées d'une simple imagination, bien que la confusion entre les deux processus soit fréquente.

De tels flashs sont très frustrants, car il est difficile de les saisir : ils pénètrent et sortent de la conscience comme bon leur semble, défiant tous les efforts de concentration.

Le niveau moyen de transe hypnotique est parfois décevant dans les premiers temps, à l'exception de curiosités de ce genre. Un homme vint me consulter, il désirait utiliser l'hypnose pour cesser de fumer. Il s'avéra qu'il accédait facilement à un niveau de transe moyen. Un ami lui demanda, lorsqu'il en émergea, s'il avait effectivement été hypnotisé. Mon patient réfléchit un instant, puis fit la réponse suivante : « Je suppose, sinon je ne serais pas resté allongé sur le sol pendant une heure comme un imbécile. » Sa conclusion était correcte, mais il est intéressant de noter qu'il n'y parvint que grâce à une déduction logique, et non à une évaluation subjective.

Les signaux subjectifs indiquant un état de transe profonde ne sont guère plus nombreux. Vous vous sentirez très profondément détendu — plus sans doute que jamais auparavant. Votre corps vous semblera lourd et l'effort nécessaire pour faire le moindre mouvement — fût-ce ouvrir les paupières — vous paraîtra énorme. Vous ne perdez pas pour autant conscience, mais il est certain que votre champ d'attention se restreint considérablement : les paroles de l'hypnotiseur deviennent ce qu'il y a de plus important au monde pour vous.

Il va de soi qu'ayant atteint une transe profonde, vous êtes ouvert à la suggestion et c'est cela la caractéristique la plus distincte de ce niveau. On peut vous convaincre de commettre des actes bizarres ou d'avoir des hallucinations. Selon votre type psychologique, ces hallucinations peuvent devenir vives au point que vous n'êtes plus capables de les distinguer de la réalité physique.

Ainsi, ce que vous vivrez durant une transe profonde dépend en majeure partie des suggestions de l'hypnotiseur. Supposons maintenant que les suggestions visent à produire une régression.

Il vous fera remonter dans le temps; sans doute serez-vous surpris de voir émerger des souvenirs oubliés depuis longtemps. La profondeur de la régression varie d'un individu à un autre, au même titre que la profondeur de l'hypnose. Il n'est donc pas très sage d'entretenir des espoirs déraisonnables, surtout durant les premières expériences.

Ne soyez pas trop ambitieux. Maints sujets s'inquiètent de savoir si le processus de régression fonctionne ou non; or leur inquiétude risque d'interférer avec le processus. L'analyse rationnelle doit être absente de votre expérience à ce stade — vous aurez tout le temps de vous y consacrer plus tard, lorsqu'elle ne sera plus à même de bloquer le flux d'informations provenant de l'inconscient.

Il arrive toutefois que le processus ait raison du degré de rationalisation le plus intense. Je me souviens d'une scientifique qui subissait le processus de régression convaincue qu'il ne donnait aucun résultat. Après le moment crucial où elle fut projetée dans l'expérience d'une vie antérieure vive, son esprit se divisa. Une partie continuait de répéter que la régression était impossible, alors que l'autre revivait des événements s'étant déroulés deux mille trois cents ans auparavant. En définitive, ses sens prirent le dessus sur sa raison, et elle cessa de prétendre que la régression était impossible.

L'expérience de la régression

La régression s'accompagne, lorsqu'on est dans une transe profonde, d'une sensation subjective de mouvement. Le sujet a le sentiment distinct de « voyager » en esprit. L'hypnotiseur interrompra le processus, lorsqu'il aura dépassé la barrière naissance/mort, en demandant : « Où êtes-vous maintenant ? »

La sensation de mouvement cesse aussitôt, mais il se peut que l'environnement ne soit pas immédiatement net.

Ceci peut se produire dans deux types de circonstances. D'une part, vous « atterrissez », pour ainsi dire, entre deux vies passées.

La sensation subjective éprouvée dans ce cas est celle de se trouver dans des limbes. Cela peut se traduire par les ténèbres ou un brouillard et en général par un sentiment d'extension plutôt que de claustrophobie. J'ai constaté que certains sujets décrivaient un « brouillard rose ». Cet état est parfois très agréable bien que la qualité affective de l'expérience soit le plus souvent neutre.

Il se peut, d'autre part, que vous « atterris-

65

siez » dans une vie antérieure, mais que vous soyez incapable durant un certain temps de la vivre pleinement. Le paradoxe est plus apparent que réel. Vous avez le sentiment de vous trouver dans une espèce de cocon. Vous avez conscience que des événements se déroulent autour de vous, mais vous êtes incapable de les préciser. Ne vous inquiétez pas si cela se produit au cours d'une régression : il suffit en général de patienter un instant, votre situation finira par s'éclaircir. L'hypnotiseur sera toujours en droit de recourir à quelques suggestions adéquates, si la situation ne se précise pas automatiquement, et il est rare qu'il n'obtienne pas ainsi satisfaction.

L'expérience proprement dite d'une vie antérieure, par cette technique, se situera en général dans l'une des trois catégories suivantes :

1. Des souvenirs vivaces et détaillés. Tout se passe comme s'il s'agissait de remémorations d'événements importants de votre vie actuelle. Les événements, les noms, les lieux et les visages se présentent à vous avec cette certitude indiscutable qui accompagne la mémoire plus orthodoxe.

2. Des scènes pittoresques. Il n'est plus question ici d'images précises se dessinant dans votre esprit, mais d'expériences visionnaires si vivaces que vous avez presque l'impression de les observer sur un écran de cinéma ou de télévision. La caractéristique intéressante dans ce cas est que vous pouvez véritablement vous voir dans le corps qui était vôtre lors de votre incarnation

précédente, comme vous si vous assistiez à la projection de vos activités passées.

3. Une reviviscence d'incidents d'une vie antérieure. C'est la version la plus satisfaisante sur un plan émotionnel, car elle s'accompagne d'une certitude totale de la validité de l'expérience. Vous avez véritablement le sentiment d'être transposé en un temps et en un lieu donnés.

En pratique, on assiste le plus souvent à un mélange de ces trois catégories, avec dominance de l'une.

Certaines singularités se manifestent parfois au cours d'une régression. Il est parfaitement possible — il est même fréquent — que vous perdiez tout contact avec votre existence actuelle et que vous ayez la conviction d'être uniquement la nouvelle personnalité. La voix de l'hypnotiseur est alors perçue comme un élément d'un dialogue « mental » intérieur, ou — selon la culture dans laquelle vous vous trouvez — comme l'expression d'un esprit désincarné.

Des trous de mémoire curieux ne sont pas impossibles. Vous vous souvenez d'une foule de détails obscurs, mais brusquement vous oubliez le nom de votre père, ou de la ville dans laquelle vous viviez. Il suffit bien souvent d'un peu de patience pour retrouver ces détails oubliés.

7

La contemplation symbolique : utilisation des archétypes

Maintes techniques occultes souffrent de n'être pas soutenues par une théorie raisonnable. Leurs adeptes les appliquent sur une base purement empirique, sans savoir pourquoi ils obtiennent des résultats. La contemplation archétype fait exception à la règle générale. La pratique est en fait issue directement de la théorie.

Examinons tout d'abord cette dernière. Rares sont les partisans de la réincarnation qui cessent jamais de se poser une question fondamentale : *qu'est-ce* exactement qui se réincarne ? Une réponse simple serait l'âme, mais plus rares encore sont les personnes capables de donner une définition satisfaisante de l'âme.

Je me réincarne... mais qu'est-ce que « je » ? Est-ce ce moi, cette personnalité, qui revient ? Le problème est soulevé, ainsi que nous l'avons vu, par le bouddhisme, qui combine une croyance ferme en la réincarnation et la doctrine du *anata* (pas d'âme). Si le bouddhiste considère qu'il ne possède pas d'âme alors qu'est-ce selon lui qui voyage d'un corps à l'autre ?

Une vision nouvelle

L'idée d'une âme (esprit ou personnalité) qui voyage est si répandue parmi les adeptes de la réincarnation qu'il serait intéressant d'adopter une vision nouvelle du sujet. Aussi, oublions pour l'instant les âmes voyageuses qui impliquent le mouvement et concentrons-nous sur l'éternité qui implique un état.

Vous existez. Vous avez toujours existé. Vous existerez toujours. Vous ne disposez d'aucun moyen d'éviter cela. C'est un fait au même titre (et plus même) que l'ouvrage qui se trouve actuellement entre vos mains. Que signifie « vous » dans ce contexte ? Certes pas le corps que vous exhibez en ce moment. Que cela vous plaise ou non, ce corps se désintégrera tôt ou tard. Il ne s'agit pas non plus de votre personnalité. Réfléchissez un instant avant de vous récrier. Votre personnalité était très différente, lorsque vous étiez âgé de sept mois de ce qu'elle est aujourd'hui. Et dans vingt ans elle sera à nouveau différente de ce qu'elle est aujourd'hui.

Si même cet aspect de votre psyché n'est pas capable de survivre durant votre existence physique, comment le pourrait-il face à l'éternité ? Les occultistes postulent quelque chose se trouvant bien au-delà de la personnalité ou même de la pensée. Ils enseignent en effet l'existence d'un « vous » intérieur, immuable et éternel, une étincelle du divin, qui dépasse quasiment notre imagination. C'est ce « vous » qui existe, au sens ultime.

Un exercice occulte

Il est un curieux exercice occulte que vous pourriez essayer de pratiquer (quoique pas trop souvent, il a tendance à être perturbant). Imaginez-vous sans corps, un esprit désincarné. Imaginez-vous ensuite débarrassé de votre imagination, flottant dans un domaine sombre et silencieux de pensées abstraites. Imaginez-vous libéré de toutes vos pensées. Il ne reste rien, pourtant, aussi incroyable que cela paraisse, vous continuez d'exister.

Ce petit exercice vous rapprochera le plus qu'il est possible de votre « vous » intérieur, éternel.

Poussez l'exercice un pas plus loin. Oubliez que vous avez jamais eu un corps, une personnalité, un esprit. Imaginez-vous simplement existant, sans plus. Supposez maintenant qu'il fait partie de votre nature d'acquérir de l'expérience. Ce n'est pas une question de désir ou de volonté. Appelez cela, si vous y tenez, une réaction à la pression évolutionnaire. Ainsi, en guise de réaction à la pression évolutionnaire, vous bâtissez un esprit et une personnalité et vous les attachez à un corps. Bref, vous vous incarnez.

Après un certain nombre d'années (et Dieu sait quel est le facteur déterminant en la matière) vous abandonnez l'esprit et la personnalité du corps que vous avez utilisé et vous absorbez l'expérience dans votre propre être. Du point de vue physique, vous êtes mort. Cette création et cet abandon subséquent devient un processus standard. A chaque fois qu'il se produit, vous vous réincarnez.

Vous atteignez en définitive un stade où vous avez acquis suffisamment d'expérience. Certains signes se manifestent alors. Les Orientaux considèrent qu'il s'agit des signes de la bouddhéité. Vous n'avez plus besoin de vous réincarner. Vous continuez d'exister sous une forme modifiée. S'il est nécessaire — et ceci relève d'une spéculation métaphysique élevée — que vous évoluiez encore, ce doit être cette fois dans une autre direction.

Les concepts jungiens

Il est, dans l'école jungienne de psychologie, deux termes souvent utilisés qui semblent liés à la notion du « vous » intérieur que nous venons d'évoquer. L'un est Soi. L'autre Inconscient Collectif.

En simplifiant considérablement le concept de Jung, le Soi est le point central de la psyché, l'axe de stabilité ultime de l'esprit. Lorsque le bon vieux « vous » qui vous est familier (le moi) a accédé à l'intégration avec le soi, vous avez unifié l'ensemble de votre structure psychique.

L'Inconscient Collectif est un niveau de l'esprit commun à l'humanité dans son ensemble, l'esprit de groupe de la race, l'expression psychique de l'expérience collective de l'humanité au fil des millénaires. Jung la compare dans son œuvre à un géant songeur, faisant d'anciens rêves.

Même si nous oublions un instant le Soi (bien que le Soi et l'Inconscient Collectif devraient idéalement être envisagés ensemble) il n'est pas difficile de faire correspondre l'Inconscient Collectif au « vous » le plus profond. Je suggérerais que les deux coïncident complètement, mais pour des raisons pratiques, nous ne pouvons nous permettre cette digression sans affecter le résultat de notre discussion.

Revenons à notre problème plus immédiat : l'étude des incarnations passées.

Si vous acceptez la théorie que je viens d'évoquer, l'ensemble des expériences des vies passées est le domaine de l'Inconscient Collectif dans les profondeurs de votre psyché. Comment atteindre ce domaine ?

Des forces puissantes

La première question qu'il convient que vous vous posiez est : en ai-je vraiment envie ? Des forces puissantes sont actives dans l'Inconscient Collectif. Désirez-vous vraiment les perturber ? Ma question paraît relever de la superstition, elle évoque les avertissements médiévaux à l'encontre des pratiques diaboliques, elle n'en est pas moins sérieuse. Si vous êtes disposé à prendre des risques, alors investiguez donc les archétypes.

Selon Jung, un archétype est un élément de

« la structure héritée de la psyché ». Voilà qui dit tout... et rien. L'idée d'un archétype n'est pas facile à saisir. Elle implique souvent le paradoxe. Jung lui-même n'hésitait pas à réconcilier les idées de Dieu en tant qu'archétype et de Dieu en tant que réalité cosmique.

Il importe que vous personnalisiez les archétypes avant de les confronter. Ce faisant, leur pouvoir acquiert une qualité obsessionnelle qui constitue l'un des dangers majeurs du recours aux archétypes. Des centaines de milliers d'hommes et de femmes se sont condamnés, même sans effort conscient, à une existence archétype, obsédée par un mode de comportement, soumettant leur personnalité aux forces émergeant des profondeurs de l'inconscient.

Les symboles archétypes

Il existe de multiples symboles archétypes. Voici une liste des principaux : le Père, la Mère, le Roi, le Fou, la Vieille Femme Sage, l'Ermite, l'Esclave, le Messager, le Guerrier, l'Enchanteresse, le Mage.

Ces symboles sont bien évidemment personnalisés. Il en est d'autres de nature plus abstraite : le Cercle, la Croix, la Swastika (d'un emploi dangereux en raison de ses connotations nazies), le Soleil, le Point, le Yin et le Yang.

Les nombres — du moins ceux allant de 1 à 10 — sont souvent considérés comme archétypes.

Je suggère que vous choisissiez l'un des symboles abstraits pour vos expériences. Les résultats tendent à être plus lents et moins spectaculaires que si vous utilisiez des symboles personnalisés, mais leur utilisation est beaucoup plus sûre. Recourez au symbole de manière régulière, et n'espérez pas obtenir de résultats exceptionnels, fût-ce à long terme, et n'en espérez aucun au cours de vos premières tentatives.

La contemplation d'un symbole est souvent très difficile, jusqu'à ce que vous ayez trouvé le « truc ». Il est toutefois facile d'expliquer en quoi elle consiste. Commencez par visualiser le symbole choisi. Vous pouvez, si vous le désirez, le dessiner sur une feuille de papier. Lorsque votre visualisation est claire, fixez-la.

C'est tout ce que vous avez à faire. Vous contemplez tout simplement le symbole, calmement et paisiblement, en ignorant toute pensée étrangère. Ne *pensez* pas au symbole, laissez-le simplement remplir votre esprit.

Un canal d'énergie

Utilisé de cette manière, un archétype devient en définitive un canal permettant le passage d'énergies émergeant des profondeurs de l'inconscient. Votre désir original d'explorer les vies passées forme, pour ainsi dire, un cadre de références pour ces forces (il convient donc de ne jamais l'oublier).

C'est comme si votre esprit était sensibilisé par le symbole. Vous constaterez avec le temps et une pratique régulière quotidienne que des éclairs de scènes étrangères commencent à défiler devant votre œil intérieur. Prenez note de ces fragments, car ils constituent des indications relatives à vos vies antérieures.

Cette technique est peut-être de toute la plus incertaine et nécessite une vérification minutieuse des informations obtenues. Elle produira parfois des résultats alors que toutes les autres démarches se sont révélées inefficaces, pour autant que vous sachiez la maîtriser. Outre l'obsession archétype, qu'il est relativement facile d'éviter en se confinant à l'utilisation de symboles abstraits, le seul risque réel est la perte de contrôle des visions. Constater que des images intérieures se présentent de manière désordonnée est tout au plus désagréable, il est donc sage d'adopter la vieille procédure occulte de l'accomplissement d'un geste rituel avant et après la contemplation. Le geste (le signe de la Croix, par exemple) marque clairement les limites extérieures de vos expériences et vous met à l'abri de troubles ultérieurs.

Un dernier mot. Les visions sont intérieures. Si vous remarquez à un moment donné qu'elles deviennent objectives, abandonnez aussitôt vos expériences et consultez un bon psychiatre.

8

La méditation en profondeur

En Orient, la méditation est la voie royale vers la sagesse. Se fondant sur l'hypothèse que toute connaissance réelle doit en définitive venir du dedans, la technique est à ce point respectée que certaines sources hindoues antiques prétendent que sa pratique confère des pouvoirs magiques tels que l'invisibilité ou la capacité de léviter.

Le respect engendré par la méditation en Occident est à peine moindre, quoi que les superstitions fondamentales diffèrent considérablement. Ici, la superstition veut qu'il s'agisse d'une activité mystérieuse qu'il est difficile d'apprendre. J'ai rencontré un jour une jeune fille qui étudiait depuis cinq ans tous les livres qu'elle trouvait consacrés au yoga dans l'espoir de devenir, en définitive, assez évoluée pour essayer de méditer.

Le plus étrange est que nombre d'Occidentaux ont pratiqué des formes de méditation durant toute leur vie, mais ils seraient bien surpris de l'apprendre, tel M. Jourdain qui faisait de la prose sans le savoir. La forme la plus simple de la méditation est la réflexion sur un sujet quel-

conque. Il devient évident dès que vous compre-
nez cela, que vous avez souvent médité par le
passé. Vous avez réfléchi à vos divers problèmes,
vous les avez retournés dans votre esprit afin de
les examiner sous tous les angles. Cet examen a
parfois produit des résultats soudains. Une nouvelle manière d'aborder le problème vous est
apparue, une nouvelle solution. Les Orientaux
diraient que vous êtes arrivé à l'éveil par la
méditation.

Une différence de degrés

Vous aurez peut-être tendance à vous récrier
que ce type de réflexion terre à terre est sans
rapport avec la technique puissante utilisée par
les saints, les yogis et les gurus. Sachez que la
différence est tout simplement affaire de degré.
Le yogi ou le saint surpasse l'homme moyen en
ceci qu'il médite *régulièrement*. Cette simple
différence produit des résultats tellement frappants qu'il pourrait très bien s'agir d'une différence d'essence.

Voici une analogie qui contribuera à préciser
ce point. Les adeptes du karaté, la forme orientale mortelle du combat à mains nues, aguerris-
sent leurs mains en frappant des sacs de sable. Il
n'y a pas de secret à cette technique (tout au
moins il n'y en a plus). Peut-être même avez-
vous vous-même frappé un sac de sable à un
moment ou à un autre de votre vie. La différence
entre vos mains et celles d'un adepte du karaté
est que les siennes sont capables de casser des

briques. La raison de cette différence ne vous surprendra pas, lui pratique son art de manière régulière.

Sur le plan mental, l'adepte du yoga médite chaque jour durant plusieurs heures. D'aucuns vont même plus loin, ils consacrent des semaines, des mois voire des années entières à la méditation continue. Il en résulte un abaissement de la barrière psychique entre le niveau conscient et inconscient de l'esprit. Un canal est pour ainsi dire établi, un puits ouvert, d'où s'écoule la connaissance et la sagesse de l'inconscient.

Lorsque vous aurez découvert une méthode qui vous permette d'atteindre votre propre inconscient, vous diposerez d'une technique susceptible — en principe du moins — de vous fournir une information relative à votre incarnation précédente.

Plusieurs formes

Il existe, en fait, plusieurs formes de méditation et une multitude d'outils permettant d'accéder au résultat ultime. Certaines écoles, telles celle du Maharishi, préconisent l'emploi d'un mantra. Un groupe chinois que j'ai eu l'occasion de rencontrer conseille d'adopter la position du lotus et de fixer son regard sur le bout de son nez. Hélas, rares sont les Occidentaux capables d'adopter la position du lotus, et en fixant le bout de votre nez vous risquez les maux de tête plus sûrement que l'éveil.

Ces excentricités sont utiles dans certains cas, mais non nécessaires si vous êtes disposé à faire preuve de patience et de persévérance. Des réquisits indispensables à une méditation effective sont la relaxation et la concentration. Mais ne soyez pas inquiet si vous avez tendance à être tendu et distrait : la relaxation et la méditation sont des qualités qui s'apprennent.

Commencez votre pratique méditative en choisissant votre heure, votre lieu et votre siège. Si vous désirez obtenir des résultats — et c'est certainement votre intention si vous comptez utiliser cette technique pour explorer vos vies antérieures — il convient de méditer de manière régulière. Il est donc essentiel que vous prévoyiez d'y consacrer un moment spécifique de votre journée.

Il est inutile d'en faire trop. En fait, l'excès nuit en tout. Les yogis consacrent plusieurs années à la méditation. Il serait sage que vous vous limitiez à quelques minutes. Même lorsque vous maîtriserez cette pratique, il n'est pas recommandé de dépasser une heure par jour. Le temps idéal est une demi-heure — mais venez-y de manière progressive.

En Orient, le matin est le moment traditionnel de la méditation. Cette tradition, à l'inverse de bien des autres en provenance d'Orient, s'adapte très bien à notre mode de vie. Votre esprit sera frais et alerte, si vous méditez le matin ; vous courrez en outre moins de risque d'être dérangé.

Vous avez choisi le moment, choisissez maintenant votre lieu. Il devrait être calme, chaud et à l'abri de toute interférence extérieure. Quiconque médite dans une pièce où se trouve un téléphone va au-devant d'ennuis. La perfection est peut-être difficile à atteindre, mais efforcez-vous de vous en rapprocher autant que faire se peut. Le yogi est capable d'ignorer les bruits extérieurs, et peut-être en arriverez-vous à ce stade vous aussi, tôt ou tard. Mais pour l'instant il n'en est pas question.

Le choix d'un siège

Ayant choisi le moment et le lieu, il vous reste à opter pour le siège. Ce choix est aussi vital pour l'Occidental désireux de pratiquer la méditation que la position du lotus pour les yogis. Les raisons sont sensiblement les mêmes. Les contorsions nécessaires pour adopter la position du lotus sont douloureuses pour les individus conditionnés par un environnement occidental. Si vous disposiez d'une formation de type oriental et de plusieurs années de pratique votre avis sur la question serait tout différent, vous trouveriez que cette position est la plus confortable qui soit. Le placement des membres produit une sorte d'anesthésie sous la poitrine qui fait disparaître les douleurs auxquelles la chair est sujette.

Aussi étrange que paraisse leur démarche, les yogis ont beaucoup de bon sens. Ils prétendent qu'il est plus facile de méditer si l'on n'est pas distrait, et ils ajoutent que la majorité des distractions proviennent du corps. Un élément important de toute technique de méditation consiste donc à assurer le bien-être du corps, ce qui justifie la position anesthésiante du lotus. Vous pouvez tirer les avantages de ce raisonnement sans pour autant adopter les positions yogies. Un fauteuil confortable assurera le plus souvent le bien-être à un organisme occidental. Evitez toutefois de choisir un fauteuil *trop* confortable, vous risqueriez de vous endormir. Or personne n'est capable de méditer s'il est inconscient. Choisissez de préférence une chaise au dossier droit. Votre corps sera satisfait, mais le risque de chute vous gardera éveillé.

Apprendre à méditer

Nos considérations ont été essentiellement d'ordre physique à ce stade et n'ont guère soulevé de difficultés. Celles que nous envisagerons maintenant seront psychologiques et donc plus complexes, ou tout au moins elles nécessiteront plus de temps.

L'inconvénient majeur de l'utilisation de la méditation pour l'investigation des vies antérieures est qu'il vous faut d'abord apprendre à méditer, puis étudier la manière d'utiliser la technique d'une façon toute particulière. Voilà qui prend du temps, mais les résultats obtenus justifient l'effort. Même si vous ne découvrez pas que vous avez été Jules César, la méditation n'en a pas moins des avantages intrinsèques. Elle ne vous permettra peut-être pas de léviter, mais elle accomplira des prodiges de beaucoup supérieurs : elle vous aidera à trouver la paix de l'âme et à mener une vie plus riche.

81

Le seul moyen d'apprendre à méditer consiste à passer aux actes. Il existe des centaines d'ouvrages qui promettent de dévoiler les secrets de la méditation. Mais toute l'information qu'ils vous dispensent peut se résumer en une phrase : vous devez prendre des mesures pour apprendre.

Commencez dès demain à l'heure que vous avez choisie. Installez-vous dans votre siège de prédilection, dans la pièce convenue. Détendez-vous. Reportez-vous pour ce faire à mes commentaires relatifs à la relaxation dans le chapitre consacré à l'hypnose. Nous possédions tous cette aptitude autrefois, il suffit pour s'en convaincre d'observer un bébé qui dort. Hélas, la majorité d'entre nous l'ont perdue et doivent la réapprendre.

Suivez donc un processus de relaxation consciente. Commencez par les pieds. Crispez vos orteils, tendez vos muscles jusqu'à ce qu'ils soient douloureux, puis relâchez-les. Faites de même pour chaque ensemble musculaire de votre corps. Vous ne tarderez pas à trouver le « truc ». A ce moment-là, vous saurez que l'état totalement relaxé est beaucoup plus agréable que la tension latente qui handicape la plupart des gens.

Revenez au sujet qui vous préoccupe lorsque vous aurez réussi à vous relaxer. *Attention, le sujet en question n'est pas, à ce stade, vos vies antérieures.* Vous apprenez à méditer, ne l'oubliez pas. Il n'est pas question d'utiliser la méditation pour étudier vos incarnations précédentes, tant que vous ne la maîtrisez pas.

Voilà qui semble peut-être en contradiction

avec mes remarques précédentes, selon lesquelles la méditation *per se* est simple et maintes personnes la pratiquent sans même en être conscientes. C'est vrai. Mais souvenez-vous d'une autre analogie. Le fait que vous faites de la prose à chaque fois que vous écrivez à un ami ne signifie pas que vous soyez l'égal de Racine, Hugo, Balzac ou Flaubert.

Il serait bon, par exemple, que vous preniez un livre, de préférence un ouvrage philosophique ou mystique (bien que la technique fonctionne également avec des écrits scientifiques). Lisez-en un chapitre et méditez sur son contenu. Cette approche présente l'avantage de fournir un ensemble d'idées susceptibles de capter votre attention.

Une technique de méditation

Lorsque vous méditez, vous songez simplement au sujet de votre choix et vous suivez le cours de vos pensées tel qu'il se présente. Mais concentrez votre attention sur le sujet en question, rejetez toute idée n'y ayant pas trait.

Cette démarche n'est pas simple et demande de la pratique. Vous constaterez au départ que votre esprit erre de temps à autre. Vous désespérerez de jamais réussir à le contrôler. La pratique viendra toutefois à votre aide. Peut-être n'accéderez-vous jamais à la qualité de concentration d'un yogi, mais celle-ci n'est pas nécessaire à votre propos. Vous noterez, après quelques semaines ou quelques mois que votre capacité de concentration s'est considérablement accrue et que la relaxation est devenue une véritable habitude. Vous êtes désormais au seuil de la méditation à proprement parler.

Le facteur test en matière de méditation est l'apparition d'une « lumière neuve ». Si de nouvelles idées se présentent, si d'anciennes questions trouvent soudain réponse, sachez que vous êtes sur la bonne voie, vous commencez à puiser à la source de votre inconscient. Ne vous pressez pas et ne le forcez pas. Vous avez amplement le temps. Assurez-vous que vous maîtrisez la technique avant de l'utiliser pour étudier vos incarnations antérieures.

Méditation et vies antérieures

Il est nécessaire lorsque vous recourez à la méditation pour obtenir des informations relatives à vos vies antérieures d'employer une approche indirecte. Il est inutile de méditer sur la question de savoir ce que vous étiez auparavant, à cause de la richesse embarrassante de possibilités que votre esprit vous proposera. Militaire, marin, chaudronnier, tailleur, homme riche, homme pauvre, mendiant, voleur... et des milliers d'autres rôles paraderont devant vous, réclamant tous votre attention.

Méditez plutôt sur les techniques mêmes de la réincarnation. Commencez par rassembler autant d'éléments que possible dans des livres. Etudiez les pensées bouddhique, hindoue et théosophique concernant le sujet. Suivez certaines des approches les moins orthodoxes, telles les idées d'Ouspensky sur la Récurrence Eternelle. Essayez de relier ce que vous avez appris à ce que vous connaissez de la psychologie, occulte et orthodoxe.

Un phénomène étrange se produira, alors que vous continuerez votre série de méditations sur la réincarnation. Votre inconscient, désireux d'illustrer la théorie particulière qu'il tient à vous enseigner, puisera (ou tout au moins essaiera de puiser) des exemples dans votre vie antérieure. Il convient de vérifier soigneusement ces exemples avant de les accepter pour argent comptant. Sachez en outre que la théorie relative à la réincarnation que votre inconscient est désireux de vous enseigner n'est pas nécessairement la bonne. Même en matière de recherche occulte, rien ne remplace la corroboration scientifique.

9

L'Enregistrement akashique : source de toute connaissance

Lorsque Edgar Cayce, le clairvoyant le plus remarquable que l'Amérique ait jamais connu, désirait obtenir de l'information concernant les vies antérieures d'un sujet, il se rendait dans une bibliothèque particulière où il se procurait le livre approprié. Cette bibliothèque n'était familière qu'à Cayce. En effet, elle n'existait pas sur le plan physique.

Eveillé, Edgar Cayce était un homme très religieux, un photographe guère intéressant, un individu peu cultivé. Or, il devenait sous hypnose un guérisseur prodigieux, un prophète extraordinaire et un — il n'existe aucun mot pour exprimer cela — un investigateur des incarnations passées.

En conséquence, les voyages de Cayce à sa bibliothèque étaient (en un sens) une hallucination. Une hallucination qui produisait pourtant des informations d'une précision étonnante et qui ne peut donc être mise sur le même plan que celles d'un alcoolique apercevant des éléphants roses ou des monstres dans les recoins de son esprit schizophrène.

Indépendamment de la forme de la vision, il est évident que Cayce, à un certain niveau de conscience, avait accès à ce que l'on pourrait considérer comme une source universelle d'information.

La tradition ancienne

Cayce n'était pas un occultiste, si ce n'est par accident. Ses convictions étaient fondamentales durant sa vie éveillée, modifiées uniquement par l'information filtrant à travers son inconscient. S'il avait été un occultiste, il aurait sans aucun doute eu connaissance de la tradition ancienne de l'Enregistrement akashique.

Il est difficile d'obtenir une information cohérente concernant l'Enregistrement akashique. Il semble qu'il s'agisse essentiellement d'une version orientale du Livre de la Vie. L'enregistrement de toute chose, de tout événement, de toute action et de toute croyance n'était pas réalisé par un scribe surnaturel, comme le croyait la tradition occidentale médiévale, mais était préservé dans la structure même de l'univers.

L'auteur occulte prolifique, Lobsang Rampa, a présenté au lecteur moderne des indices suggérant que cette notion n'était peut-être pas aussi absurde qu'il y paraissait. Nous sommes, par exemple, à même d'utiliser un télescope pour observer des événements étant advenus il y a plusieurs milliers d'années. La lumière se déplace lentement dans l'espace interstellaire, de sorte que nous voyons les étoiles non pas telles qu'elles sont, mais telles qu'elles étaient.

Sachant cela, il suffit d'un petit effort d'imagination pour se représenter en un lieu distant de la terre d'où il nous serait possible d'observer des rayons de lumière. Il serait théoriquement concevable, en supposant que nous disposions d'un télescope assez puissant, d'assister à la bataille de Hastings ou à la naissance du Christ. (Précisons que la construction d'un tel télescope serait impossible, même si toutes les autres conditions étaient remplies.)

L'Enregistrement akashique semble n'avoir que peu de rapport avec la lumière, en dépit de l'analogie intéressante de Rampa. Il paraît plutôt être lié à ce curieux élément occulte, l'éther. Les yogis et les charlatans se sont prétendus capables de lire l'Enregistrement akashique, mais aucun n'a jamais pris la peine de décrire ce qu'il advenait dans de telles circonstances. Les rares descriptions rapportées par la littérature (telle la bibliothèque de Cayce) sont le plus souvent contradictoires.

Le Plan Astral

La contradiction est synonyme, pour le profane, de fraude ou d'absurdité. Pour l'occultiste elle évoque souvent le Plan Astral.

Ce livre ne s'adresse pas aux occultistes chevronnés, aussi ai-je évité jusqu'à présent leur jargon technique. Il est toutefois une expression — sans doute l'une des plus complexes — qu'il ne m'est plus possible de passer sous silence. Je vous propose donc de consacrer un instant à le définir et à l'expliquer de manière aussi claire que possible.

Le Plan Astral (ou Lumière Astrale) est un milieu omniprésent, non physique, plastique, fluide qui, quoique étant informe, a la propriété de prendre ou de refléter toute forme qui lui est imprimée.

Voici pour la définition qui, bien qu'étant complète, n'est pas facile à suivre. Le Plan Astral ne doit heureusement pas être compris de manière intellectuelle, la majorité des personnes ayant une faculté psychologique leur permettant de la percevoir directement. Cette faculté est l'imagination. Lorsque vous évoquez une image dans votre esprit, vous opérez sur le Plan Astral. N'en déduisez pas pour autant que le Plan Astral soit synonyme d'imagination. Vous travaillez en fait sur le « matériau » du Plan Astral, lorsque vous utilisez votre imagination.

L'imagination a différents degrés et il y a donc différents degrés de contact avec l'Astral. Une rêverie répond à la même mécanique fondamentale qu'un rêve, pour ce qui est de la construction de l'image. Un rêve est toutefois plus « réaliste ». Les hallucinations psychotiques ou induites par la drogue se fondent sur le même mécanisme, mais il y a également une différence de degré, le réalisme étant encore accentué.

Il existe certaines réalités dans l'Astral — un point qu'il est possible de prouver par l'expérience. Mais celles-ci sont *expérimentées* de manière différente par les individus. C'est-à-dire qu'elles prennent des formes variées selon l'orientation psychologique de l'observateur. Voilà qui paraît relever quelque peu du conte de fées, mais cela signifie tout simplement qu'un homme qui est aveugle aux couleurs voit le monde d'une manière toute différente de celui qui a une vision normale.

Supposons un instant qu'il existe quelque forme d'Enregistrement akashique sur le Plan Astral. En d'autres termes, qu'un secteur de ce milieu ait tendance à emmagasiner de l'information. Chacun d'entre nous entre en contact avec l'Astral via notre faculté imaginative, ainsi chacun a, en principe, la possibilité d'explorer ce plan et de déchiffrer l'Enregistrement akashique. Une théorie de cette nature produit-elle des résultats en pratique ? La réponse est à nouveau un « oui » partiel. Les explorateurs expérimentés de l'Astral entreront souvent en contact avec un secteur du Plan qui affecte un comportement semblable à celui qu'est réputé avoir l'Enregistrement akashique. La forme de leurs visions peut être très différente, mais ils n'en sont pas moins capables d'en extraire de l'information.

Le contact direct

Il n'est pas dans le propos de cet ouvrage de faire de vous un voyageur expérimenté de l'Astral. Il existe toutefois une technique qui, *dans certains cas*, raccourcit la séquence naturelle et vous amène en contact direct avec l'enregistrement. La technique en question est en fait une opération astrale présentant certains points communs avec la pratique de la méditation. Elle se fonde en partie sur l'expérience de Cayce, en partie sur le fait que le Livre de la Vie est quasiment un archétype en Occident, et en partie sur la vérité admise (donc valable sur un plan psychologique) que nous tirons la majeure partie de notre information de livres.

J'insiste avant de poursuivre sur le fait que cette procédure ne vaut pas pour tout un chacun. Elle donnera toutefois des résultats exceptionnellement valables pour la plupart. La difficulté majeure est liée à un simple manque de persévérance. La technique n'est pas facile et la volonté est une caractéristique difficile à acquérir.

Lire l'Enregistrement akashique

Si vous deviez accéder de manière fortuite à l'Enregistrement akashique sur le Plan Astral, votre expérience serait influencée par vos convictions personnelles. Vous obtenez en quelque sorte ce que vous attendez et non ce que vous méritez, comme dans le cas de la vie après la mort.

La technique que je vais évoquer aborde la situation à l'envers. Vous créez, par un acte d'imagination, une enveloppe astrale à travers laquelle pourront s'exprimer les forces de l'Enregistrement akashique. La proximité, sur le Plan Astral, étant une question de clarté et non de distance, la pratique vous permettra de fondre les deux.

La technique s'avère totalement inopérante chez les rares personnes qui jugent que l'image proposée ne convient pas à l'Enregistrement akashique. J'insiste sur ce point parce que si vous vous trouvez dans ce cas, il vous est toujours loisible d'opter pour une image personnelle plus appropriée. Assurez-vous toutefois, avant d'en arriver là, que vous maîtrisez bien la théorie de l'opération.

L'image que je vous conseille d'utiliser lors de vos premières tentatives est celle de la bibliothèque de Cayce. Voici comment il convient que vous vous y preniez : choisissez une pièce, un moment de la journée et un siège, comme si vous vous apprêtiez à méditer. La seule différence est que chaque séance ne doit pas excéder dix minutes par jour durant les deux premières semaines ; et quinze minutes par la suite, jusqu'à ce que vous soyez familier du *modus operandi* au point d'être à même d'établir vos propres règles.

Installez-vous dans votre siège, suivez l'ensemble du processus de relaxation et fermez les yeux. Visualisez-vous marchant dans un couloir et vous dirigeant vers une porte. N'allez pas plus loin durant la première semaine. Donnez chaque jour un peu plus de consistance à votre image, observez le maximum de détails jusqu'à ce que ce corridor vous devienne aussi familier que n'importe quelle pièce de votre maison.

Lorsque votre image aura acquis une certaine vigueur — et quoi qu'il en soit jamais avant la deuxième semaine — visualisez-vous franchissant la porte et pénétrant dans une immense bibliothèque. Consacrez un minimum de deux semaines à élaborer tous les détails de cette pièce. Voyez les livres sur les étagères. Explorez le vaste espace qu'occupe cette bibliothèque. Notez la multitude de ses sections, car il s'agit d'une bibliothèque contenant l'information relative à tous les événements s'étant jamais produits et à toutes les personnes ayant jamais existé.

Ne manifestez pas d'empressement

Il s'agit de la partie la plus importante (et la plus pénible) de l'exercice et elle ne doit en aucune circonstance être négligée. Chaque minute que vous consacrez à améliorer cette image vous rapproche du succès. N'espérez pas obtenir de résultats si vous faites preuve d'empressement durant votre phase préparatoire.

Un jour viendra où vous estimerez que vous avez bâti votre image de la manière la plus précise possible. Il vous faudra alors persévérer pendant une semaine supplémentaire. Ensuite, voyez-vous vous dirigeant vers la section qui abrite l'histoire de votre vie. Parcourez les étagères jusqu'à ce que vous découvriez votre nom sur la couverture d'un livre. Prenez-le, ouvrez-le et lisez le récit de vos réincarnations.

Même lorsque vous aurez appris, par la pratique, à visualiser des mots sur les pages, vous constaterez que toute l'information qui vous est dispensée ne l'est pas de cette manière. Des images de vos vies antérieures se présenteront à vous, comme dans le cas des autres techniques décrites dans cet ouvrage.

Cette méthode est la plus sûre et la plus fiable pour ceux qui ont la patience de la maîtriser. Elle a toutefois un point commun avec toutes les autres. Elle produit une information qui doit être vérifiée par des moyens moins ésotériques avant d'être acceptée pour argent comptant.

10

Le voyage astral : un voyage à travers le temps

L'étude de l'Enregistrement akashique, au chapitre précédent, nécessitait une définition générale du Plan Astral, la technique que je vais évoquer maintenant demande quelques précisions supplémentaires.

Imaginez un océan s'étendant sur l'ensemble du monde, un peu comme l'air le fait. Cet océan toucherait bien évidemment tout ce qui existe, et serait affecté par tous les événements. L'image que vous voyez en ce moment est tridimensionnelle. Essayez de vous représenter un océan quadridimensionnel, la quatrième dimension étant le temps.

Cette démarche n'est pas simple, mais si vous y parvenez vous aurez une assez bonne idée du Plan Astral. Si vous n'êtes pas capable de faire cet effort d'imagination, vous êtes au moins conscient de l'une de ses caractéristiques importantes — le fait qu'il touche le passé aussi bien que le présent. (D'aucuns considèrent qu'il est également en contact avec le futur, mais cette considération dépasse le cadre de ce livre).

Vous réalisiez une opération astrale, en imaginant l'océan astral, ainsi que nous l'avons vu dans le chapitre précédent. Il s'ensuit qu'une partie de vous au moins est en contact avec le Plan Astral et est capable de l'influencer.

Quelle est la nature de cette partie ? L'élément important est sa capacité d'influencer. Ceci semble suggérer qu'une partie de vous possède une essence similaire, voire identique, à celle du Plan Astral.

Le corps astral

Les occultistes considèrent cela comme une évidence. Ils enseignent que la partie de vous qui influence l'astral est un corps subtil, qu'ils nomment le corps astral.

Je me suis gardé de discuter les dogmes relatifs à la réincarnation, je me garderai de même de discuter ceux ayant trait aux corps subtils, et ce pour les mêmes raisons. L'expérience directe est en général possible en ce qui concerne le corps astral. Elle entre en fait dans le cadre de la technique suivante. Je désire toutefois dispenser quelques informations théoriques supplémentaires avant de décrire de nouvelles méthodes de travail.

Le corps astral est l'un des multiples corps subtils qui coïncident avec l'organisme physique, quoique se situant sur une autre dimension. La position du corps astral est purement une pseudo-localisation au sens géographique, mais il nous faut l'accepter pour des raisons pratiques. (De la même manière que vous acceptez le fait que vous existez d'une certaine manière au-delà de la limite de votre nez.)

Le corps astral se détache du corps physique la nuit, lorsque le corps physique se détend et qu'une série de fonctions psychologiques sombrent dans l'inconscience. Il erre à travers des régions du Plan Astral, tout en conservant un lien ténu avec le corps physique, lien qui n'est rompu qu'à la mort. Vous vous souvenez de cette expérience sous forme d'un rêve.

Il est possible, en dehors de cette scission naturelle, de provoquer consciemment le détachement du corps astral dans certaines circonstances et, avec un peu de pratique, d'utiliser ce dernier comme véhicule de la conscience tant sur le plan physique qu'astral.

Voici pour la théorie. Deux points deviennent évidents si celle-ci est correcte. En détachant le corps astral, vous êtes à même de voyager sur le Plan Astral. Ce dernier s'étendant sur une quatrième dimension, vous pouvez, du moins en théorie, entreprendre un voyage dans le temps.

En pratique, vous constaterez que ce mouvement quadridimensionnel particulier vous permet de rassembler une information relative à vos incarnations précédentes.

Un voyage dans le temps

La première phase de votre voyage dans le temps consiste à libérer votre corps astral. Ce n'est pas une entreprise simple, mais fort heureusement les opérations astrales sont rarement

97

une question de tout ou rien, il est donc presque certain que vous obtiendrez l'un ou l'autre résultat. La relaxation est très importante, comme dans bien des exercices occultes. La séparation du corps astral se produit naturellement lorsque vous êtes détendu grâce au sommeil. Vous n'obtiendrez de résultats conscients que si vous accédez à un degré élevé de relaxation.

La technique développée précédemment vous sera très utile. Assurez-vous que tous vos muscles sont totalement détendus et si vous éprouvez des difficultés en cours d'exercice, assurez-vous que la tension ne s'est pas à nouveau installée en vous.

Etant pleinement relaxé, commencez les opérations de détachement. Vous disposez de plusieurs moyens d'agir mais tous impliquent une utilisation experte de l'imagination. Une certaine pratique est donc nécessaire à l'obtention de résultats.

La méthode traditionnelle pour passer sur le Plan Astral consiste à bâtir un corps imaginaire et à y transférer votre conscience. La construction de ce corps est relativement simple pour quiconque possède une capacité de visualisation moyenne. Le transfert de conscience est plus problématique et risque de vous demander des années de pratique.

Moins complexe est la méthode consistant à vous imaginer plongeant dans et hors de votre corps physique, vous élevant ensuite lentement, ou vous déplaçant de côté. L'inconvénient majeur de ces variations est qu'elles risquent de provoquer une projection éthérique plutôt qu'astrale. L'expérience en soi est très intéressante, mais ne vous permettra pas d'atteindre votre objectif.

Quelle que soit la méthode que vous choisissiez, pratiquez-la de manière régulière jusqu'à ce que vous la maîtrisiez parfaitement. Il vous reste à ce moment à passer à la deuxième phase, décrite au chapitre suivant.

11

Visite du plan astral

Mon expérience personnelle m'a amené à la conclusion que l'une des méthodes les plus efficaces pour atteindre le Plan Astral était, comme dans le cas des régressions, la transe hypnotique.

La technique est la simplicité même — l'hypnotiseur suggère au sujet qu'il sort de son corps et flotte à travers les différents plans. Cette méthode s'est avérée efficace dans bon nombre de cas.

La raison de cette efficacité est intéressante. La projection astrale semble nécessiter un effort négatif. Il n'est pas tant question de forcer le corps astral hors du physique que de produire un déclic lui permettant de se déplacer en toute liberté.

Ceux d'entre vous qui ont lu le chapitre 2 du présent ouvrage comprendront sans doute mieux ce processus si je me réfère à la notion d'un Vous essentiel qui forme une chaîne de corps entre lui-même et le véhicule physique.

Il semble qu'il faille un certain effort pour que cette chaîne préserve sa cohérence. Lorsque l'effort cesse, le lien, ou le corps en question, a tendance à retourner tout naturellement vers son plan de fonctionnement, tout comme une matière élastique retrouvera sa forme première dès que cessera la tension.

Ainsi, la projection du corps astral consiste à « laisser aller » plutôt qu'à produire un effort. Le reste du processus se déroule avec une simplicité relative dès qu'est réalisé ce « laisser-aller », qui est une entreprise difficile étant donné qu'elle va à l'encontre d'une habitude vieille comme la vie.

Ce « laisser-aller » forme la seconde phase de l'exercice évoqué au chapitre précédent. Les techniques visent en fait à créer une situation qui le facilitera, mais en dernière analyse, le déclic est en grande partie une question d'essais et d'erreurs.

L'exercice suivant s'avérera sans doute plus utile que ceux évoqués précédemment si vous éprouvez des difficultés à produire le déclic.

Etendez-vous, les yeux fermés et commencez à ressentir votre moi intérieur. Essayez, en particulier, de percevoir la situation de votre nœud central de conscience, ce que vous considérez comme étant « je ».

Ce centre est situé, pour la plupart d'entre vous, dans la tête, et probablement juste derrière l'arête du nez. D'aucuns le localisent aux environs du plexus solaire.

Peu importe l'endroit, pour autant que vous le situiez consciemment.

Efforcez-vous, lorsque vous avez situé ce centre, de concentrer sur lui toute votre attention. Cette démarche est relativement simple, bien que vous risquiez de vous laisser distraire tant que vous n'aurez pas acquis une certaine pratique.

L'étape suivante est quelque peu plus complexe. Vous devez persuader votre centre de se déplacer. Faites-le se déplacer n'importe où pour commencer jusqu'à ce que vous le contrôliez bien. Ensuite, faites-le tout d'abord passer dans votre tête — s'il n'y est pas déjà — puis vers l'arrière de votre crâne.

Il est probable que vous ayez à ce stade le sentiment de perdre votre équilibre. Mais essayez de vous souvenir du fait que vous êtes déjà allongé et que vous ne courez donc aucun risque de tomber. La sensation n'est jamais bien accentuée et cesse rapidement.

Il est parfois utile, pour aider le processus du mouvement, de vous imaginer debout dans la vaste caverne de votre crâne, mais le plus souvent cette visualisation est superflue.

Vous éprouverez, lorsque vous aurez réussi à déplacer le centre vers l'arrière de la tête, une sensation nette de pression en cette région. Celle-ci n'a rien de subtil, vous aurez le sentiment que quelque chose de physique appuie fermement sur votre boîte crânienne.

Vous devez maintenant déplacer le centre de votre conscience le long de la face interne de votre crâne jusqu'à ce que vous découvriiez une ouverture. Il va de soi que celle-ci n'est pas physique, sans quoi votre cerveau serait dans un piteux état. Il existe toutefois des orifices à travers lesquels le centre de conscience n'éprouve aucune difficulté à s'infiltrer.

Il est probable que lorsque vous les aurez traversés, vous vous retrouviez regardant l'arrière de votre propre tête; ou que vous vous regardiez de haut à travers une sorte de tunnel ou de tube.

La surprise provoquée par ce changement de perspective vous ramènera presque aussitôt dans votre corps. Persévérez, avec un peu de pratique vous réussirez à rester à l'extérieur.

Il serait peut-être utile d'établir une analogie entre le processus de libération du corps astral et l'acte physique d'uriner. Les patients qui doivent fournir un échantillon de leur urine à un médecin à fin d'analyses, savent combien il est pénible de se forcer à vider sa vessie lorsque celle-ci est... vide. Plus vous vous y employez, moins vous obtenez de résultats. La démarche naturelle, quotidienne, consiste à éprouver une certaine relaxation qui permet à la nature de faire ce que vous attendez d'elle. Une relaxation similaire, en partie physique, en partie mentale permettra à la supernature (pour emprunter un terme à Lyall Watson) de produire la libération désirée du corps astral.

Le Plan Astral étant l'environnement fonctionnel naturel du corps astral, dès que vous y aurez accédé, tout deviendra beaucoup plus simple. Il semble que le Plan Astral soit dans une « direction » particulière, mais une « direction » qu'il est impossible d'éprouver en étant uni au véhicule physique. Maintes personnes ayant réussi à sortir de leur corps sont à même de se « tourner

dans la bonne direction » sans grande difficulté
et de pénétrer le Plan Astral, de manière aussi
automatique qu'un cycliste équilibre son vélo.

Vous vous trouverez, lorsque vous aurez
atteint le Plan Astral en pleine conscience — par
opposition à la forme de contact imaginaire
décrite précédemment — dans un environnement très étonnant.

Il est probable que vous ayez tout d'abord
l'impression d'être dans un lieu parfaitement
normal. Il y a un ciel au-dessus de votre tête, et
un sol sous vos pieds. Peut-être même y a-t-il des
éléments familiers, tels des végétaux, des fleurs,
des arbres, voire des bâtiments. Il n'est pas exclu
toutefois que vous constatiez que vous portez des
vêtements différents de ceux que vous aviez
avant la projection, et que vous êtes capable de
voler, tel Superman.

Il est un fait encore plus perturbant : vous
serez en effet à même de créer des « choses ».

Plusieurs expérimentateurs, aidés par une suggestion hypnotique ont réussi à accéder à un
Enregistrement akashique préexistant alors
qu'ils exploraient le Plan Astral. Cette structure
— si tel est le mot qui convient — fait partie d'un
Temple et ne nécessite nulle visualisation pour
apparaître. Elle se présentait, une fois de plus,
sous la forme d'une bibliothèque, offrant l'avantage d'être dotée d'un grand écran sur lequel se
projetaient des images d'existences antérieures.

Cette description paraîtra ridicule, stupide ou
incongrue à un lecteur ne possédant pas une
formation ésotérique, l'existence et la forme du
Plan Astral n'en est pas moins un fait, attesté par

d'innombrables médiums, pratiquants de la projection astrale et occultistes. Ces quelques éléments s'avéreront sans doute très utiles si vous accédez à ce curieux niveau.

12

La technique de Christos

L'une des alternatives les plus viables à l'hypnose pour l'investigation des vies antérieures est connue sous le nom de technique de Christos.

Il est difficile d'établir l'historique de cette méthode de recherche. Nous savons qu'elle fut enseignée à un expérimentateur australien par un Américain, Bill Swygard. L'Australien l'enseigna à son tour à sa femme, qui continua à s'y intéresser même après ses divorce et remariage. Le vulgarisateur le plus célèbre de la méthode est à l'heure actuelle l'auteur G. M. Glaskin.

Qu'importe l'historique, l'essentiel est que la méthode s'est avérée efficace dans un nombre de cas considérable et qu'elle fournit un moyen d'étudier ses vies antérieures sans dépendre d'états de transe que seule une minorité est capable d'atteindre.

Bien qu'on en parle le plus souvent au singulier, il existe en fait deux techniques de Christos légèrement différentes, adaptées à des types psychologiques distincts. La subdivision de Christos reconnaît en fait deux personnalités humaines principales — la visuelle (la plus répandue) et l'auditive.

Il existe différents moyens de déterminer à laquelle de ces catégories vous appartenez, mais dans le cadre de notre propos, il est en général plus simple d'essayer la technique visuelle, puis de passer à la seconde solution si la première s'avère inefficace.

Vous devrez disposer d'un ou de plusieurs assistants pour pratiquer l'expérience de Christos. Assurez-vous de ne pas être dérangé, puis étendez-vous confortablement sur le sol ou sur un lit (le sol est préférable, l'association d'idées risquant de vous persuader de vous endormir si vous êtes dans un lit). Efforcez-vous de vous détendre aussi profondément que possible.

Fermez les yeux et demandez à votre assistant de masser vos chevilles pendant quelques minutes. Ceci favorise la relaxation à un degré surprenant. Ceci fait, demandez-lui de masser le site de votre Troisième Œil du bord de la main repliée en un vigoureux mouvement circulaire. (Le Troisième Œil se situe juste au-dessus de l'arête du nez, là où se rapprochent les sourcils.) Le massage créera après un moment une sensation nette de vibration dans votre tête.

Votre assistant devra ensuite vous guider à travers l'exercice suivant.

1. Visualisez-vous et sentez-vous grandir de quelques centimètres par la plante des pieds.

2. Revenez à votre taille normale et répétez l'exercice plusieurs fois jusqu'à ce que vous le maîtrisiez.

3. Tournez maintenant votre attention vers

votre tête, et grandissez de quelques centimètres dans cette direction. Revenez à votre taille normale et répétez plusieurs fois l'exercice.

4. Grandissez ensuite d'une trentaine de centimètres par les pieds. Revenez à votre taille normale.

5. Faites de même par la tête.

6. Grandissez de quarante centimètres par les pieds, maintenez cet état tandis que vous grandissez également de quarante centimètres par la tête. Persévérez jusqu'à ce que cette démarche ne vous pose plus le moindre problème.

7. Enfin, tout en étant « étendu » des deux côtés, sentez-vous gonfler tel un ballon, jusqu'à ce que vous vous soyez en quelque sorte extrait de vous-même.

La deuxième phase

Rendez-vous, dans cet état d'expansion, en un lieu familier (Glaskin conseille la porte d'entrée de votre appartement) et décrivez-le en détail à votre assistant.

Adoptez différents points de vue, déplacez-vous vers l'arrière et vers l'avant, puis sur les côtés et enfin vers le haut et décrivez à chaque fois ce que vous voyez.

Elevez-vous maintenant dans les airs de quelque cinq cents mètres et décrivez ce que vous voyez.

Evoluez lentement en un cercle, et continuez votre description. Notez l'heure et le jour et les conditions climatiques (qui ne seront pas nécessairement semblables à ce qu'elles étaient au moment où l'expérience a commencé).

Passez, par un acte de volonté, du jour à la nuit et vice versa, et décrivez les différences que vous remarquez. Souvenez-vous que vous avez un contrôle total de tout ce que vous vivez en ce moment — c'est très important.

Enfin, dans la lumière vive du jour, élevez-vous aussi haut que possible par rapport à la terre, jusqu'à ce que l'environnement devienne vague ; revenez ensuite lentement et atterrissez en position debout. Si la technique s'est avérée efficace, vous constaterez que votre environnement s'est modifié. Les scènes auxquelles vous assisterez seront vraisemblablement des expériences relatives à des vies antérieures.

Si la technique décrite ci-dessus ne donnait pas de résultat, c'est probablement parce que vous êtes d'un type auditif. Utilisez en ce cas la variation suivante :

1. Répétez les phases de relaxation, de massage et d'expansion visualisée, comme dans la version précédente.

2. Etendez-vous et détendez-vous, les yeux fermés, lorsque l'expansion est terminée, et écoutez un vaste échantillon de types musicaux différents. Evitez les œuvres vocales, mais incluez des musiques folkloriques de différents pays.

3. Décrivez à votre assistant les émotions, les sentiments et les images auxquels chaque musique donne naissance. Ce sont les images qui ont

le plus d'importance, et lorsqu'elles se présentent décrivez-les de manière aussi détaillée que possible.

4. Demandez à votre assistant d'arrêter la musique lorsqu'elles ont pris consistance — elles s'accompagnent en général de mouvements oculaires rapides de votre part. Rebranchez la musique, si son interruption nuit à vos visions. Il est important que vous vous souveniez que vous avez un contrôle total de la situation.

5. Les images étant fermement établies, continuez comme auparavant.

L'expérience de Christos, au même titre que la régression hypnotique, tend à s'approfondir plus elle dure et plus elle est répétée. La différence entre ces deux techniques est essentiellement subjective. Un de mes amis, qui les utilisa toutes deux, préfère la régression hypnotique. Ma préférence va toutefois à la méthode de Christos. Sachez toutefois qu'il ne s'agit que de préférences personnelles, n'impliquant nullement qu'une méthode soit supérieure à l'autre.

Un avantage de l'expérience de Christos est qu'elle vous permettra parfois de penser de la même manière que l'individu que vous étiez autrefois.

Elle présente toutefois un inconvénient, Christos prétend en effet qu'elle suscitera dans certains cas des visions du futur plutôt que du passé. Aussi excitant que cette éventualité paraisse, elle risque de provoquer une certaine confusion dans votre étude de vos réincarnations. N'oubliez pas le principe valable quelle que soit la méthode que vous choisissiez : n'acceptez jamais aucune révélation sans l'avoir au préalable vérifiée à l'aide d'une recherche plus orthodoxe.

13

Notes pour les étudiants sérieux

Vous pouvez aborder l'étude de la réincarnation de deux manières différentes. D'aucuns y
verront un jeu agréable à pratiquer entre amis,
ou encore un sujet de conversation plaisant
lorsqu'ils n'ont plus rien à dire sur le match de
football de la veille. D'autres la considéreront
comme un sujet sérieux à envisager de manière
consciencieuse pour enrichir leur savoir, leur
sagesse et leur perception. J'avoue préférer cette
dernière approche, mais je reconnais que la
première se comprend. Le risque d'obsession est
aussi prononcé en matière d'étude de réincarnation que dans toute autre branche de l'ésoté-
risme. Or, le meilleur antidote à l'obsession est
un solide sens de l'humour.

Quelle tristesse que tant d'occultistes se prennent au sérieux ! Leur occupation présente peut-
être des dangers, mais n'en va-t-il pas de même
pour le pilote automobile ou pour le réparateur
de clochers ? Dieu sait combien de personnes ont
été découragées par le visage sombre et la voix
sépulcrale des occultistes.

Cette réserve émise, je précise qu'une

approche sérieuse du sujet me paraît la seule valable. Elle comporte toutefois des responsabilités.

La recherche psychique est quasiment le seul champ d'investigation humaine où l'amateur a quelque chance de rivaliser avec le professionnel. L'époque des chimistes ou des physiciens du dimanche est révolue. Mais l'homme qui décide d'étudier les domaines étrangers de la parapsychologie est toujours à même de faire l'une ou l'autre découverte avant le scientifique.

Une situation mouvante

La situation n'est cependant pas statique. Les seules personnes qui étudiaient la télépathie au début du siècle étaient des amateurs. Il en allait de même de la prémonition, de la clairvoyance et de la télékinésie. Ces domaines sont désormais presque exclusivement la « chasse gardée » des scientifiques et des statisticiens ; les théories et les faits nouveaux émergent pour la plupart dans les laboratoires.

Le conservatisme étant battu en brèche, et les préjugés résistant de moins en moins, la science se tourne de plus en plus vers les curiosités occultes. La réincarnation, en tant qu'hypothèse, connaîtra sans doute le même sort — il serait intéressant de voir à quels résultats aboutiront les chercheurs.

Ceci nous amène à une conclusion : tant qu'à faire quelque chose, autant bien le faire.

J'ai évoqué dans les pages qui précèdent une

série de méthodes qui, employées de manière correcte, s'avéreront des outils précieux pour l'examen des vies que vous avez vécues avant votre naissance. Il n'existe pas de méthode universellement valable, j'ai donc tenu à présenter des techniques aussi variées que possible afin d'augmenter vos chances d'en trouver une qui se révèle efficace dans votre cas particulier. N'hésitez jamais à prendre note par écrit de vos expériences, des résultats obtenus et de la procédure de vérification.

L'enregistrement des résultats

Toutes les techniques évoquées dans cet ouvrage nécessitent que vous preniez note des résultats obtenus au moment de l'expérience. Ceci vaut particulièrement pour les méthodes visant à provoquer des visions. L'information émanant de l'inconscient a tendance à se dissiper rapidement. Songez à la vitesse à laquelle vous oubliez les détails de vos rêves. Je crois que l'oubli des données visionnaires implique le même processus psychologique. La solution est simple : prenez des notes sur le moment même.

Certains occultistes expriment une aversion marquée pour les produits de la technologie moderne ; mon sentiment est toutefois qu'un magnétophone vous sera d'une aide précieuse. Vous fixerez grâce à lui votre expérience dans ses moindres détails. (Cette remarque est plus importante qu'il n'y paraît. Nous sommes tous enclins, lorsque nous prenons des notes, à omettre certains détails qui nous paraissent insignifiants ou erronés. Or ces détails sont parfois les éléments les plus importants de la séance, ceux qui nous permettront d'établir la véracité de la vision.)

Ne soyez pas désolés si vous ne possédez pas un magnétophone, un stylo et du papier feront l'affaire. Il ne vous sera pas toujours possible de prendre vous-même des notes (lorsque vous êtes sous hypnose, par exemple), assurez-vous donc l'aide d'un ami sûr. Le choix de cet ami est important, il n'est rien de plus inhibiteur que d'entreprendre une expérience occulte en présence d'un cynique. Outre l'inconfort qui lui est inhérent, l'inhibition perturbe souvent les processus mentaux délicats que vous vous efforcez de déclencher, rendant votre tâche d'autant plus difficile.

Présentation des informations

Prenez vos notes exactement de la manière où elles se présentent et transcrivez-les de même. Scindez-les ensuite suivant une séquence standard. Elles seront plus faciles à évaluer et à comparer.

Voici un exemple de présentation :

	Description	Détail	Commentaire
Environne-ment	Une plaine dégagée.	Un lac au loin, des montagnes en fond peut-être volcaniques. Un soleil lourd.	Sensation d'être en terrain connu.

	Description	Détail	Commentaire
Lieu	Aucune information directe.		Région certainement tropicale, peut-être l'Afrique.
Époque	Aucune information directe.		Impossible à deviner.
Apparence personnelle	Primitive. Peau sombre.	Costume tribal et corps peint. Lance et massue en os.	Je suis conscient d'être un chasseur et un guerrier.
Compagnie	Sept hommes.	Mêmes habits et mêmes armes.	
Développements	Aucun.	Vision fugace.	
Commentaire général :	Il ne fait aucun doute que cette information ne pourra être vérifiée de manière scientifique. A classer sous la rubrique éventuelle incarnation africaine en espérant que des expérimentations ultérieures permettront de l'éclairer.		
Technique	Voyage astral		
Date	13 novembre 1984		

Conservation des notes

Classez ce bref récit de votre vision avec les notes transcrites et avec les *notes originales*. Ce dernier point est important, car il est possible que vous découvriez un matériau plus précis, auquel cas il sera capital que vous puissiez vous assurer de n'avoir commis aucune erreur au moment de la transcription.

Que vous vérifiez vos visions de manière groupée ou individuelle est une question purement personnelle. L'essentiel est que vous ne négligiez pas cette phase.

La nature humaine étant ce qu'elle est, vous espérerez que vos recherches prouvent la validité de vos visions. Ne vous laissez pas décourager s'il n'en est rien. Il est préférable d'avoir une centaine de visions qui se révèlent fausses, que de s'accrocher à une notion romantique qui serait pure fantaisie.

La prise de notes est aussi importante lorsque vous investiguez la base factuelle de vos visions qu'au moment de l'expérience. Procurez-vous une information écrite chaque fois que possible. S'il vous faut accepter une information verbale, couchez-la aussitôt par écrit. *Ne vous fiez jamais à votre mémoire.*

Il serait utile de scinder vos informations factuelles de la même manière que les notes relatives à vos visions. Il vous sera ainsi plus facile de vous y référer.

Source	Date(s)	Détails	Commentaire
Archives de l'état civil de Narbonne	1er août 1870	Naissance de Jacques Fostier	Correspondrait approximativement à l'âge de Fostier dans la vision du 4 janvier 1984.
Père Simon	Vers 1930	Se souvient de Fostier, vieil homme. Tache de naissance toujours visible.	Taches de naissance confirmation convaincante.

117

Commentaire général : Cette information correspond à merveille avec la vision du 4 janvier 1984
et justifierait une investigation ultérieure.
Date : 30 janvier 1984.

14

Quelques cas

Je me suis engagé, au début de ce livre, à ne
pas discuter de la vérité philosophique de la
réincarnation. Je tiendrai ma promesse. Je pro-
poserai toutefois dans ce chapitre quelques cas
qui me semblent parler en faveur de la réincarnation. Vous êtes libre d'abonder ou non dans
mon sens.

J'ai inclu dans les pages qui suivent deux cas
très curieux. Si curieux qu'ils défient toutes les
théories actuelles sur le sujet.

Shanti Devi

Le cas de réincarnation le plus célèbre est sans
doute celui de Shanti Devi, née à Delhi, en 1926,
de parents aisés. Dès qu'elle fut en âge de parler
correctement — c'est-à-dire vers trois ans —
Shanti se mit à évoquer son « mari » et ses
« enfants ».

Maints enfants ont de tels fantasmes, mais
ceux-ci persistèrent. A sept ans, Shanti était
capable de donner de plus amples détails. Elle

affirmait avoir vécu auparavant. Elle habitait alors à Muttra (une ville guère éloignée de Delhi) et se nommait Ludgi. Son mari s'appelait Kedarnath. Elle avait eu trois enfants — qu'elle nomma et décrivit de manière détaillée — et était décédée en 1925, suite à sa quatrième grossesse.

Les parents de Shanti, craignant une maladie mentale, l'emmenèrent consulter un médecin. L'enfant décrivit sa mort en couches et le médecin conclut que sa connaissance des symptômes dépassait celle d'une enfant de sept ans.

Le hasard entra alors dans la partie. Une relation d'affaires du père de Shanti rendit visite un soir à la famille et Shanti, qui lui ouvrit la porte, reconnut en lui un cousin de sa vie précédente. Le détail curieux est que cet homme vivait bel et bien à Muttra et avait un cousin qui avait épousé une jeune femme du nom de Ludgi qui était morte en couches.

La réincarnation est acceptée en Inde au même titre que le Paradis et l'Enfer en Occident. Les parents de Shanti ne rencontrèrent aucune difficulté dans la conduite de leur enquête. Ils s'arrangèrent pour que le cousin de l'homme en question leur téléphone. Shanti reconnut aussitôt qu'il s'agissait de son « ex-époux ».

Les faits ayant été rapportés aux autorités, le gouvernement délégua un comité d'investigation. Des scientifiques emmenèrent Shanti à Muttra. Elle reconnut la ville, au point d'être capable de guider les enquêteurs les yeux fermés. (Cette remarque est à prendre dans un sens littéral, les scientifiques ayant effectivement bandé les yeux de la fillette.) Elle reconnut en outre la mère, le frère et le père de son époux, ainsi que les enfants auxquels Ludgi avait donné naissance. Elle retrouva la maison dans laquelle elle avait vécu — et indiqua ce qui y avait changé depuis son « décès ». Elle fit de même dans la maison de la mère de Ludgi et dévoila où Ludgi avait caché plusieurs bagues peu de temps avant de mourir.

Les scientifiques qui s'occupèrent de ce cas furent incapables de trouver la moindre trace de supercherie et le précisèrent dans leur rapport final.

Un cas de Ceylan

Le meurtrier d'une femme à Ceylan accepta la sentence de mort avec un aplomb surprenant. Lorsque son frère vint le réconforter durant les dernières heures qui lui restaient à vivre, l'assassin lui dit simplement de ne pas s'inquiéter : il reviendrait. Il semble qu'il ait tenu parole.

La femme de son frère donna naissance à un garçon. L'enfant avait un bras atrophié, mais son père fut surpris de constater maintes similitudes avec son défunt frère. Celles-ci pourraient être attribuées à une trop forte imagination, mais quand il fut âgé de deux ans l'enfant prétendit avoir tué une femme dans une vie précédente. Il se remémora par la suite d'autres détails, y compris la sensation étrange éprouvée lorsqu'on est pendu.

Un cas d'Alaska

On n'est guère surpris d'entendre relater des cas de réincarnation orginaires d'Orient. En Inde, à Ceylan, en Chine, la réincarnation est un fait admis. Mais, il n'en va pas de même en Alaska...

Un cas remarquable se produisit toutefois au sein d'une famille de pêcheurs, les Tlingit. Le grand-père, un adepte de la réincarnation, affirma que lorsqu'il reviendrait, il porterait les mêmes taches de naissance que dans cette vie — et qu'il se réincarnerait en outre dans la famille qu'il aimait. Le vieil homme eut un geste quelque peu théâtral avant sa mort, il confia une montre à son fils en lui demandant d'en prendre soin jusqu'à ce qu'il la lui redemande.

Un an après le décès du grand-père, un fils naquit dans la famille. Il portait les mêmes taches de naissance que le grand-père et lorsqu'il eut cinq ans... il réclama sa montre...

Le Dalaï Lama

Le cas de réincarnation le plus célèbre est sans doute celui de sa sainteté le Dalai Lama au Tibet. Le Tibet était la seule monarchie par réincarnation sur terre, avant l'invasion communiste chinoise de 1950. Cette notion est si étrange pour les Occidentaux, qu'ils l'ont souvent négligée.

Le quatorzième Dalaï Lama est né dans une

famille de paysans, dans le village de Taktser, au nord-est du Tibet, en 1935, à peu près deux ans après le décès du Dalaï Lama précédent.

Le garçon avait une dizaine d'années quand une série de dignitaires arriva au village, apparemment guidés par des présages, et des visions. Leur objectif était de découvrir la nouvelle incarnation du leader tibétain.

Deux membres du groupe organisèrent un subterfuge digne d'un opéra comique. Un jeune officiel prétendit être le dirigeant, alors que le véritable dirigeant, un Lama de haute naissance, vêtu de guenilles tenait le rôle de son serviteur.

Le jeune paysan ne se laissa pas leurrer. Il reconnut et réclama un rosaire ayant appartenu au Dalaï Lama défunt et qui pendait désormais au cou du vieux Lama. Il connaissait le nom du serviteur qui prétendait être le dirigeant du groupe ainsi que l'identité du dirigeant qui jouait le rôle du serviteur.

Le groupe dans son ensemble le soumit ensuite à une série de tests. Ils proposèrent deux rosaires noirs au garçon qui choisit celui de l'ancien Dalaï Lama et le plaça autour de son cou. La même séquence se reproduisit avec deux rosaires jaunes.

Le jeune paysan passa tous les tests, en apparence naïfs. D'autres indices confirmèrent la théorie de la réincarnation. En fait, le soin avec lequel les leaders tibétains sont choisis fait mentir la croyance occidentale selon laquelle ce système se fonde uniquement sur la superstition.

Mary Roff, une jeune Américaine souffrant d'épilepsie décéda en 1865 à Péoria. En 1877, Lurancy Vennum, la fille d'un fermier de l'Illinois, âgée alors d'une dizaine d'années, eut deux visions nocturnes, suivies à une semaine d'intervalle d'une transe de cinq heures.

Les transes se produisirent ensuite chaque jour pendant plusieurs mois et la fillette souffrit bientôt d'intenses douleurs abdominales. En janvier 1878, la personnalité de Lurancy Vennum se modifia et céda la place à celle de Mary Roff. La transformation fut frappante. Non seulement, Lurancy pensait être Mary Roff, mais encore elle se souvenait de détails intimes concernant la jeune fille morte.

Les parents de Mary Roff furent convaincus qu'il s'agissait de leur fille. Le 11 février, un accord fut scellé entre les deux familles, et Lurancy/Mary alla vivre avec les Roff. La personnalité secondaire continua à se manifester jusqu'à la fin du mois de mai, où elle disparut définitivement.

Il existe une documentation volumineuse relative à ce cas pour le moins étrange. Il reçut une attention considérable tant de la part du monde journalistique que scientifique. Les détails du cas tendent à confirmer le fait que la personnalité secondaire était effectivement celle de Mary Roff.

Mais s'agissait-il d'un cas de réincarnation ?

Certes pas dans le sens habituel du terme, Lurancy étant âgée de quinze mois à la mort de Mary.

Une syncope

En 1939, une jeune fille de dix-sept ans, Maria Talarico, tomba en syncope alors qu'elle traversait un pont sur le Corace, près de Sienne. On la transporta chez elle, où elle entra en convulsions. L'ancienne personnalité de Maria s'était éteinte, lorsque les convulsions cessèrent. Elle exprimait maintenant la personnalité d'un jeune homme, Guiseppe (Pepe) Veraldi.

Une note qu'elle écrivit par la suite s'avéra être d'une écriture identique à celle du jeune homme qui était mort à l'âge de dix-neuf ans, dans des circonstances mystérieuses, en 1936.

Elle reconnut une photographie de la sœur de Veraldi que Maria n'avait jamais vue, elle reconnut les frères de Veraldi, elle identifia la photographie de la sœur d'un ami, et reconnut également un officier des douanes que Veraldi avait connu... elle prétendit enfin que Veraldi avait été assassiné.

Une autre réincarnation étrange, différente de celles dont sont familiers les étudiants de l'occulte. Les cas du type de celui de Maria Talarico sont en général qualifiés de « possession », mais lorsque la personnalité s'imposant est celle d'un individu décédé précédemment, les mécanismes

125

de la situation semblent très semblables à ceux de la réincarnation.

Pour autant bien sûr que nous comprenions jamais ce mécanisme...

*Achevé d'imprimer en mai 1985
sur les presses de l'Imprimerie Bussière
à Saint-Amand (Cher)*

— N° d'édit. 101. — N° d'imp. 567. —
Dépôt légal : juin 1985.
Imprimé en France